Neue Zeit
UNIVERSITÄTS-
BUCHHANDLUNG
MAX POCK

Traditionsbetriebe in der Steiermark

Es lebe der Lebkuchen
Maria Zell
MARIAZELLER LEBKUCHEN
HONIGWEIN
MARIAZELLER
MET
aus dem Mariazellerhof

Freya Martin

Traditionsbetriebe in der Steiermark

Beeindruckende Firmengeschichten in faszinierenden Bildern

SUTTON

Einband vorn: Das ursprüngliche Stammgeschäft von J. Hornig in der Sporgasse 24 in der Grazer Innenstadt.
Vorsatz: Blick in die belebte Grazer Herrengasse in den 1960er-Jahren. Die Herrengasse, auf der linken Murseite gelegen, stellt den Mittelpunkt der Grazer Innenstadt dar und verbindet den Hauptplatz mit dem Platz Am Eisernen Tor in der Nähe des Jakominiplatzes.
Seite IV: Ausblick zum Dachsteingebirge in den 1960er-Jahren mit Torstein, Mitterspitz und Hohem Dachstein, der mit rund 2.995 Metern als höchster Gipfel der Steiermark und Oberösterreichs gilt. Seit dem 19. Jahrhundert ist das Dachsteingebirge ein begehrtes Ziel für Bergsteiger.
Nachsatz: Backstube des traditionsreichen Mariazeller Familienunternehmens Pirker Lebkuchen Ende der 1960er-Jahren mit Franz Kerner und MitarbeiterInnen.
Einband hinten: Wollabwaage von Emma Steiner, Ehefrau von Willi Steiner sen., die zweite Generation der Lodenwalke und des Traditionsunternehmens Steiner1888 aus Mandling, am Fuße des Dachsteinmassivs.

Impressum

Sutton Verlag GmbH
Arnstädter Straße 8
99096 Erfurt
www.suttonverlag.de

ISBN: 978-3-96303-366-7
Druck: Florjančič Tisk d.o.o. / Slowenien
Gestaltung und Herstellung: Sutton Verlag

In diesem Buch wird aus Gründen der besseren Lesbarkeit das generische Maskulinum verwendet. Weibliche und anderweitige Geschlechteridentitäten werden dabei ausdrücklich mitgemeint, soweit es für die Aussage erforderlich ist.

Inhalt

Einleitung

Facettenreich und divers präsentiert sich das zweitgrößte Bundesland Österreichs. Nicht umsonst ist die Steiermark das viel zitierte „grüne Herz Österreichs“, denn nicht weniger als rund 61 Prozent der Bodenfläche der „grünen Mark“ sind bewaldet und ein weiteres Viertel wird von Obst- und Weinbauflächen eingenommen. Unterschiedliche Landschaftstypen prallen hier in einer harmonisch-pittoresken Komposition aufeinander und machen das Bundesland zu einem der beeindruckendsten in Österreich.

Die Steiermark ist ein Land der Kontraste: vom berühmten Ausseerland mit seinen zahlreichen Seen im Nordwesten, im Grenzgebiet zu Oberösterreich, und dem imposanten Dachsteinmassiv mit seinen Gletschern, über das Gesäuse, das Enns- und Murtal, bis hin zum rebenüberwachsenen Hügelland der West-, Süd- und Oststeiermark und weiter zum Thermen- und Vulkanland. Auch der geographische Mittelpunkt Österreichs befindet sich de facto in der Steiermark. Im Jahr 1949 wurde im Zuge eines Wettbewerbs der Mittelpunkt in Bad Aussee festgelegt und mit dem sogenannten Mittelpunktstein im Bad Ausseer Kurpark als Denkmal verewigt. Mittels moderner Technologie und GPS hat sich jedoch mittlerweile herauskristallisiert, dass der tatsächliche Mittelpunkt Österreichs einige Kilometer weiter östlich im Gemeindegebiet von Stainach-Pürgg liegt – nichtsdestotrotz noch immer in der Steiermark.

Aufgrund seiner topographischen Vielfalt und der unterschiedlichen Regionaltypen zeigt auch der Wirtschaftsraum Steiermark ein hohes Maß an Diversität. Neben dem Tourismus und dem Primärsektor Landwirtschaft verfügt das steirische Wirtschaftsleben über einen stark ausgeprägten industriell-gewerblichen Sektor. Die Transformation von einem traditionsreichen Industriegebiet der ersten Stunde zu einer mittlerweile hochindustrialisierten Technologieregion prägt das Land und führte dazu, dass sich eine breit aufgestellte, wirtschaftliche Dynamik ausgebildet hat. Die demographische und wirtschaftliche Entwicklung der „grünen Mark“ begann bereits im Hochmittelalter. Eng gekoppelt an die Ausweitung der transalpinen Handels- und Verkehrswege im 12. Jahrhundert zwischen Donau und dem nördlichen Adriaraum, erlangte die heutige Steiermark vorerst als Transitland Bedeutung. Mit dem Wachstum der Märkte und Städte wurde peu à peu das Wirtschaftsleben reglementiert. Ab der Mitte des 19. Jahrhunderts hielt die Industrialisierung mit dem nachfolgenden Gründerzeitboom auch in der steirischen Region Einzug.

Der Ausbau der Eisenbahn war einer der bedeutendsten Motoren der zunehmenden Industrialisierung dieser Region. Niemand Geringerer als Erzherzog Johann (1782–1859), Sohn Kaiser Leopolds II. und einer der populärsten und volkstümlichsten Vertreter aus dem Herrscherhaus der Habsburger, war es, der die Projektierung des Eisenbahnnetzes förderte, da er deren nachhaltige Bedeutung frühzeitig erkannte. So ließ er nicht nur die steiermärkischen Industriegebiete und das Mur- und Mürztal bis hin zur Adria bahntechnisch erschließen, sondern setzte sich auch für die damals noch unvorstellbare Terrassierung des Semmerings ein. Ingenieur Carl Ritter von Ghega erbaute schließlich von 1848 bis 1854 die Semmeringbahn, die an die Südbahn von Wien über Graz und bis nach Laibach und Triest angeschlossen wurde und die als erste Gebirgsbahn Europas in die Geschichte einging. Im Jahr 1998 wurde die Semmeringbahn in das Verzeichnis des UNESCO-Weltkulturerbes aufgenommen, da sie ein Symbol innovativer Technologie und Modernisierung dieser Zeit darstellt. Der unangepasste, bodenständige Vor- und Querdenker Erzherzog Johann war und ist auch heute noch der „Herzens-Habsburger" der Steirer, was mehrere Gründe hat. Er ließ sich im Steirischen auf Gut Brandhof bei Mariazell nieder und wurde in der Folge zum bedeutenden und nimmermüden Förderer und Modernisierer der Wirtschaft und Kultur in der Steiermark. Die Gründungen der technisch-naturwissenschaftlichen Lehranstalt „Joanneum", der Technischen Hochschule und des Landesmuseums sowie der Montanistischen Hochschule in Leoben gehen auf ihn zurück. Und nicht zuletzt fand der „steirische Prinz" seine große Liebe in der Steiermark. Eine romantische Liebesgeschichte, um die sich viele Legenden ranken, denn er heiratete eine Steirerin aus dem Volk, die Ausseer Postmeistertochter Anna Plochl. Ein Skandal damals, wie man sich vorstellen kann!

Und noch ein weiterer Ort steht auf der Liste des UNESCO-Weltkulturerbes: Das historische Zentrum der Landeshauptstadt Graz wurde im Jahr 1999 ebenfalls aufgenommen und 2010 erfolgte die Erweiterung um Schloss Eggenberg. Die Hauptstadt an der Mur präsentiert sich heute mehr denn je als urbanes Kaleidoskop mit charmantem, alpin-mediterranem Flair. Rund um das Ballungszentrum Graz findet man die größte Dichte von Traditionsbetrieben in der Steiermark. Zahlreiche traditionsreiche, renommierte Betriebe wie die k. u. k. Hofzuckerbäckerei Edegger-Tax, die Goldschmiede-Dynastie Weikhard, die Kolonial- und Spezereiwarenhandlung J. Hornig, der Harmonikabauer Strasser und das erste Warenhaus der k. u. k. Donaumonarchie Kastner & Öhler wurden hier ab der Mitte des 19. Jahrhunderts gegründet.

Vielfältig und kontrastreichreich gestaltet sich im „Feinkostladen Österreichs", wie die Steiermark oftmals gerne und treffend bezeichnet wird, auch die kulinarisch-landwirtschaftliche Genussproduktpalette. Vom „schwarzen Gold" des Landes, dem steirischen Kürbiskernöl, über die Käferbohnen, bis hin zur steirischen Polenta. Und nicht zu vergessen die international anerkannten, vinophilen Tropfen aus der Südost- und Weststeiermark, die der Region ganz zu Recht den Namen „Steirische Toskana" einbrachten. Insofern können wir dem steirischen Volks- und Heimatdichter Peter Rosegger (1843–1918), einem der berühmtesten Söhne des Landes, nur zustimmen, wenn er in seinem Geleitwort des 1914 erschienenen Hand- und Reisebuches „Steiermark" schreibt: „Wir haben von allem!"

Freya Martin

15. April 1905.
№ 2
IX
JAHRGANG
ILLUSTRIRTER MODEWAREN BERICHT
DER FIRMA:
KASTNER & ÖHLER
GRAZ
Sackstrasse 7.

1

Kastner & Öhler (1883)

Das erste Warenhaus nicht nur der Steiermark, sondern der gesamten k. u. k. Monarchie wurde im Jahr 1883 von den Geschäftspartnern Carl Kastner und Hermann Öhler in Graz gegründet. Bereits zehn Jahre zuvor hatten der Buchhalter und der Verkäufer in Troppau, dem heutigen Opava in Tschechien, gemeinsam eine Kurzwarenhandlung eröffnet. Während Hermann Öhler für den Einkauf verantwortlich zeichnete, war Carl Kastner für die Warenmanipulation, sprich für die Produktion und Anfertigung der Waren, die damals meist in Heimarbeit erfolgte, zuständig.

Aufgrund des sich bald einstellenden geschäftlichen Erfolgs folgten weitere Niederlassungen unter anderem in Olmütz, Prag, Brünn und in Agram, dem heutigen Zagreb. Als Kastner auf einer seiner Geschäftsreisen nach Agram seinen Anschlusszug in Graz verpasste, unternahm er eine Erkundungstour durch die Stadt und entdeckte mehr oder weniger durch Zufall ein freies Geschäftslokal in der Sackstraße 7, das er sofort mietete.

Innovativer Ideenreichtum gepaart mit visionärem Pioniergeist zeichnete die Zusammenarbeit der Geschäftspartner Kastner & Öhler aus. 1885 führte man als erstes Unternehmen in Mitteleuropa damals durchaus nicht übliche Festpreise ein. Eine Maßnahme, die es ermöglichte, im Jahr 1887, ebenfalls als Vorreiter in Europa, einen Warenpostversand zu etablieren. Dafür wurden mehrsprachige Warenkataloge gedruckt und in die gesamte Donaumonarchie versandt. 1912 umfasste der Kundenstock bereits rund 60.000 Versandadressen.

1894 entschlossen sich die Geschäftspartner weiter zu expandieren. Nach dem Ankauf von angrenzenden Häusern in der Grazer Badgasse erfolgte der erste, großangelegte Geschäftsumbau des Warenhauses von Kastner & Öhler. Der für die damalige Zeit spektakuläre Bau verfügte über offene Galerien, die über drei Etagen reichten und über Lifte erreichbar waren. Zudem besaß die Warenhaushalle einen Innenhof, der mit einem Glasdach überdacht war.

Knapp 20 Jahre später erfolgte von 1912 bis 1913 in der zweiten Generation der zweite große Um- und Neubau, der von den Wiener Architekten Fellner & Helmer, die auch für den Bau der Grazer Oper und des Wiener Volkstheaters verantwortlich zeichneten, durchgeführt wurde. Es entstand ein architektonisches Meisterwerk, das zu den modernsten Warenhäusern in ganz Europa gehörte. Großzügige Treppenhäuser und Kundenlifte, eine hausinterne Rohrpostanlage, Lüftungs- und Eigenstromanlagen sowie ein Erfrischungsraum mit Musik zeichneten die luxuriöse und moderne Innenausstattung aus. Das Zentrum und Herzstück war die reich verzierte „Große Halle“, gekrönt von einer bunten Glaskuppel.

Seit 1. Jänner 2020 bildet Martin Wäg, in bereits fünfter Generation, gemeinsam mit Alexander Petrskovsky den Vorstand des Unternehmens. Innovation und Vision stehen bei Kastner & Öhler nach fast 150 Jahren Unternehmensgeschichte noch heute im Fokus.

Der 1849 in Linz geborene Carl Kastner war 24 Jahre alt, als er gemeinsam mit Hermann Öhler die erste eigene Firma gründete. Er arbeitete in Wien als Handelsangestellter, bevor er in Troppau im heutigen Tschechien für die Firma Stefan Klauber als Buchhalter tätig war. Ebendort lernte er auch den Verkäufer Hermann Öhler kennen.

Hermann Öhler, geboren 1847, stammte aus einer jüdischen Familie aus Preßburg. Eine Erbschaft Carl Kastners von 30.000 Gulden, heute rund 288.000 Euro, ermöglichte es den beiden, sich selbstständig zu machen. Durch Carl Kastners Heirat mit Hermann Öhlers Schwester Julie waren die Firmengründer auch privat verbunden.

Die erste Geschäftsfassade von Kastner & Öhler in der Sackstraße 7 um 1900.

Die sogenannte Kleine Halle Ende des 19. Jahrhunderts im Warenhaus Kastner & Öhler.

Eine Novität: Der erste Warenversandkatalog wurde im Jahr 1887 an die Kunden verschickt. Damit waren die Partner Kastner & Öhler nicht nur Vorreiter in Europa, sondern etablierten auch ein sehr erfolgreiches und nachhaltiges Geschäftsmodell.

Die Versandabteilung von K&Ö um 1925. Zehntausende Warenkataloge wurden jährlich in alle Kronländer der österreichisch-ungarischen Monarchie verschickt. Für die Menschen außerhalb der Zentren brachten die Kataloge eine bis dahin nicht gekannte Zugänglichkeit zum wachsenden Warenangebot.

Titelblätter der Modewarenberichte von Kastner & Öhler, die für den Versand bestimmt waren, aus den Jahren 1903, 1910 und 1913.

Die zweite Generation übernahm sukzessive am Beginn des 20. Jahrhunderts, als Carl Kastner und Hermann Öhler das Unternehmen ihren Söhnen übertrugen. Im Jahr 1901 trat Albert Kastner in die Firma ein, 1903 Paul Kastner, 1904 Richard Kastner und 1905 schließlich Franz Öhler. Hermann Öhler starb 1918, Carl Kastner 1921. V.l.n.r.: Franz Öhler, Hermann Öhler, Dr. Richard Kastner und Albert Kastner.

Eine der ersten Veranstaltungen nach dem zweiten, großangelegten Umbau des Kaufhauses: Ausstellung der Teppichwochen in der neuen „Großen Halle" 1913.

Innenansicht der umgebauten „Großen Halle" von Kastner & Öhler. Das Warenhaus in der Grazer Innenstadt wurde zu einem zentralen Ort der städtischen Konsumkultur am Beginn des 20. Jahrhunderts. Das Warensortiment wurde sukzessive erweitert. Man bot auch Hüte, Lederwaren, Parfums und Papierwaren an.

Haupteingang von Kastner & Öhler in der Sackstraße nach dem Umbau 1912/13 mit Portier. Vor dem Ersten Weltkrieg waren bei Kastner & Öhler rund 330 Mitarbeiter beschäftigt.

Eines der ersten Lieferautos von Kastner & Öhler, aufgenommen in den 1930er-Jahren.

Modenschau am 5. Oktober 1954 im Warenhaus Kastner & Öhler.

Im Jahr 1959 ging die erste Rolltreppe der Steiermark im Warenhaus K&Ö in Betrieb. Teilweise reisten die Kunden extra an, um diese neue technische Errungenschaft zu bestaunen und gleich auszuprobieren.

Menschenandrang bei der Geschäftsöffnung im Jahr 1971.

Werbesujets und Plakate von Kastner & Öhler aus den 1950er- bis 1970er-Jahren.

2

Pirker Lebkuchen (1846)

Mariazell ist seit dem 14. Jahrhundert einer der bedeutendsten Wallfahrtsorte Europas, dessen berühmte Basilika jährlich von rund einer Million Pilgern aus aller Welt besucht wird. Und auch die Lebkuchen-Erzeugung hat hier schon seit über vier Jahrhunderten Tradition. Die ersten schriftlichen Quellen stammen aus dem 16. Jahrhundert und belegen die Verbindung des Marienortes mit dem süßen Gebäck.

Vor allem in Wallfahrtsorten wurde einst der hochgeachtete Handwerksberuf des Lebzelters, Wachsziehers und Metsieders ausgeübt. Die unterschiedlichen, aus Honig hergestellten Produkte stellten für die Pilger einerseits einen nahrhaften Proviant dar und andererseits hatten sie eine lange Haltbarkeit. Zwei Faktoren, die für die weiten, strapaziösen Pilgerwanderwege von Vorteil waren.

Die Historie des traditionsreichen Familienunternehmens Pirker begann im Jahr 1846 mit einem Hotel samt angeschlossener Konditorei „Café Stadt Wien" und einer kleinen, aber feinen Lebkuchen-Erzeugung in der Wiener Straße von Mariazell. Mit Franz und Flora Kerner als nachfolgende Generation expandierte man ab Beginn der 1930er-Jahre den Familienbetrieb und eröffnete eine weitere Konditorei samt Lebkuchen-Produktion in der Wiener Neustädter Straße in Mariazell. Das Ehepaar war unternehmerisch fleißig und nicht minder innovativ. So wurde das Lebkuchen-Sortiment mit neuen Kreationen erweitert – zum ersten Mal wurde etwa ein Schokoladenlebkuchen erzeugt.

In den 1970er-Jahren fand der Betrieb in der dritten Unternehmergeneration seine Fortsetzung. Sohn Helmut übernahm den Betrieb in der Neustädter Straße und Tochter Waltraud heiratete Matthias Pirker. Gemeinsam vergrößerten sie die Lebkuchen-Produktion mit einer neuen Backstube in der Grazer Straße. Auch ein erster Katalog mit dem gesamten Produktportfolio wurde gedruckt, das sie mittlerweile um Met, Kräuterbitter und Honigbrand erweitert hatten.

2005 übernahm die Urenkelin der Gründergeneration Katharina Pirker gemeinsam mit ihrem Ehemann Georg Rippel-Pirker das Traditionsunternehmen. Kontinuierlich wurden seitdem die Betriebsstätten weiter ausgebaut und das traditionelle Thema Lebkuchen auf eine moderne, dem Zeitduktus entsprechende Schiene gebracht. Im Jahr 2013 entstand im Ortszentrum eine neue Lebkuchen-Erlebnis-Manufaktur, 2019 wurde das Hotel „Schwarzer Adler" am Mariazeller Hauptplatz erworben und zu „Pirkers Steirischer Gourmet Snackbar" umgebaut. Mittlerweile beschäftigt das Familienunternehmen mehr als 200 Mitarbeiter und gilt als größter Arbeitgeber im Mariazellerland.

Rund 400 unterschiedliche Produkte mit 80 Lebkuchensorten werden auch heute noch bei Pirker von Hand gefertigt. Man ist als Qualitätsgarant stolz auf die Ausübung und die Erhaltung eines jahrhundertealten, traditionsreichen Handwerks, das zum Österreichischen Kulturgut zählt.

Im Mariazellerhof in der heutigen Grazer Straße 10 firmierte ursprünglich ein Gasthof. Schon damals waren hier auch Fremdenzimmer untergebracht.

Das Stammhaus „Hotel Stadt Wien" mit einem Souvenir- und Lebkuchenverkauf in der Wiener Straße in Mariazell. Heute befindet sich an diesem Ort auf mehr als 3.500 Quadratmetern die „erLEBZELTEREI" mit einer Schau-Produktion und einem Lebkuchen-Shop.

Die Konditorei und das Restaurant im „Hotel Stadt Wien" war ein beliebter Treffpunkt nicht nur für die Mariazeller, sondern auch für die zahlreichen Pilger, die den bekannten Wallfahrtsort besuchten.

Die zweite Unternehmergeneration Franz und Flora Kerner auf der Terrasse ihres Hauses in den 1940er-Jahren. Ein außerordentlicher Unternehmergeist und Expansionswille prägten jede Generation des Familienbetriebes.

Anfang der 1930er-Jahre expandierte das Unternehmen. Ähnlich dem Verkaufsgeschäft in der Wiener Straße eröffnete eine weitere Konditorei samt Lebkuchen-Produktion in der Wiener Neustädter Straße. Der „Kerner", gleich hinter der Kirche gelegen, galt lange Zeit als „Institution" in Mariazell.

Lebkuchen-Verkaufspult im Jahr 1955.

Franz Kerner in der Backstube bei der Lebkuchenerzeugung. Die original Lebkuchengewürzmischung besteht aus insgesamt 18 unterschiedlichen, feinsten Gewürzen.

Matthias Pirker war ein unternehmerischer Visionär, beständiger Entwickler von Ideen und stets offen für Neues. Zudem war er ein Pionier in Sachen Marketing. Er war es auch, der erstmalig in der Geschichte des Traditionsbetriebes Produktkataloge drucken ließ, die an die Kunden versandt wurden.

Franz Kerner und Schwiegersohn Matthias Pirker bei der Lebzelten-Herstellung im Jahr 1970.

Gemeinsam mit seiner Ehefrau Waltraud erwarb Matthias Pirker 1970 das Hotel-Objekt „Mariazellerhof" in der Grazer Straße und erweiterte das Unternehmen in den kommenden Jahrzehnten sukzessive. 1990 wurde der Betrieb um eine Schaubackstube samt Verkaufsgeschäft mitten am Mariazeller Hauptplatz erweitert.

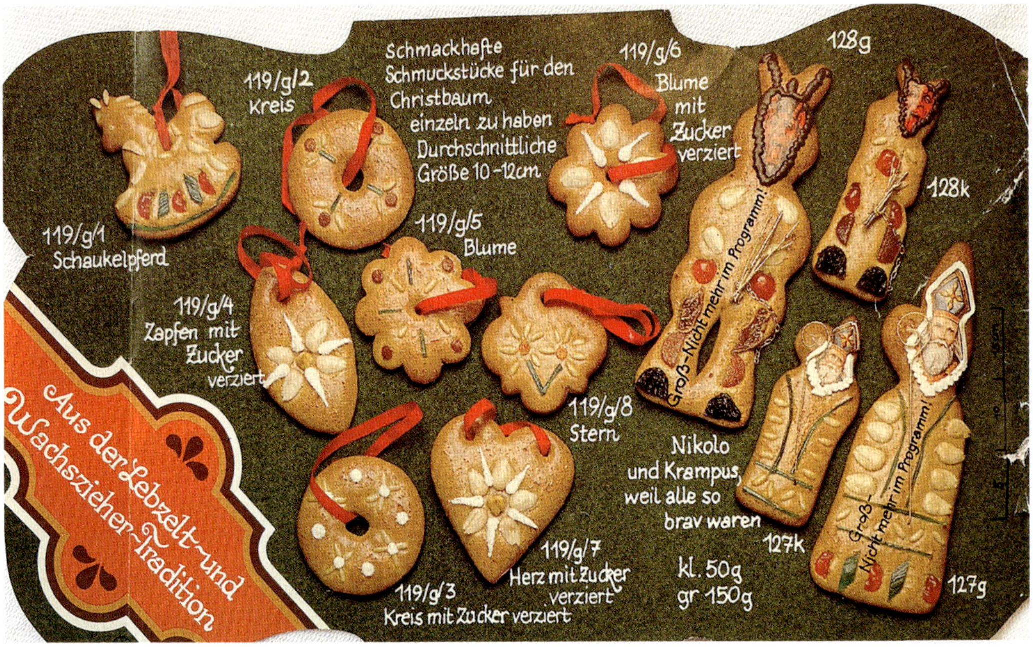

Der allererste Produktkatalog von 1970 aus dem Hause Pirker war in der Form des sogenannten Fünfmandler, der Urform des Lebkuchens, gestaltet. Rund 80.000 Kataloge werden auch heute noch jedes Jahr an die Kunden versandt.

Auch auf zahlreichen Messen war der Lebkuchenhersteller Pirker aus Mariazell vertreten, wie beispielsweise auf der Grazer Messe. Damals wurde das Mariazeller Ladenlokal liebevoll nachgebaut.

Das „Bschoad-Binkerl" war ein typisches Mitbringsel der Wallfahrer. Verschiedene Lebkuchentaler werden übereinandergestapelt und mit einem Stofftuch zu einem Binkerl zusammengebunden. Die Lebkuchen fungierten nicht nur als Wegzehrung, sondern waren auch der Beweis für eine absolvierte Wallfahrt, denn der oberste, am schönsten verzierte Taler wurde mit nach Hause gebracht.

Am 13. September 1983 besuchte der damalige Papst Johannes Paul II. Mariazell. Rechts im Hintergrund der „Mariazellerhof" der Familie Pirker. Selbstverständlich bekam der Lebkuchenfreund Johannes Paul II. auch einen Lebkuchen aus dem Hause Pirker. Einige Lebkuchenbestellungen aus dem Vatikan folgten.

Waltraud, geborene Kerner, und Matthias Pirker in ihrem Geschäft in der Grazer Straße im Jahr 1996.

3

Steiner (1888)

Wie der heutige Markenname Steiner1888 andeutet, wurde die Lodenwalke bereits im Jahr 1888 in Mandling, am Fuße des königlichen Dachsteinmassivs, gegründet. Die alte Handwerkskunst des Walkens von Stoffen aus Schurwolle (der Bergschafe, Alpakas, Merinoschafe und Kaschmirziegen) ist nicht von ungefähr in dieser Region entstanden. Das Spinnen und Weben waren in den Wintermonaten die klassischen Arbeiten der bäuerlichen Bevölkerung in der alpinen Region, ebenso wie das weiterverarbeitende Verfilzen der Wolle. Das Naturmaterial Loden eignet sich ideal als Schutz- und Arbeitsbekleidung, da es atmungsaktiv, wärmend sowie wärmeregulierend ist.

Da die Firmengründer Philipp und Aloisia Stiegler kinderlos blieben, kam es 22 Jahre später zum Namenswechsel des Unternehmens, als deren Neffe, der versierte und begeisterte Bergführer Franz Steiner, im Jahr 1910 den Betrieb übernahm. Zu dieser Zeit war Steiner bereits eine Legende. Denn ein Jahr zuvor hatte er gemeinsam mit seinem Bruder Irg als Erster die berühmt-berüchtigte, 850 Meter hohe Dachstein-Südwand erklommen. Noch heute gilt der „Steinerweg" als eine der schwierigsten Routen in den Alpen. Eine Tradition war ihm bei seinen Besteigungen immer wichtig: die Lodenhose aus der eigenen Produktion.

Ursprünglich wurde der Betrieb als reine Walke in Lohnarbeit geführt, in den 1920er-Jahren aber technisch weiter ausgebaut und um diverse Verarbeitungsmaschinen erweitert. Vor allem nach dem Zweiten Weltkrieg setzte man den Loden immer mehr für Funktionsbekleidung ein. Auch viele Prominente waren begeistert von der Lodenqualität von Steiner, wie etwa die berühmten, österreichischen Bergsteigerlegenden Heinrich Harrer und Luis Trenker.

Franz Steiners Sohn, Willi Steiner sen., war nach dem Zweiten Weltkrieg bereits aktiv in der Firma tätig. 1945 wurde ein modernes Fabrikgebäude errichtet, das heute noch großteils vorhanden ist, und man baute die Manufaktur peu à peu zu einem vollstufigen Betrieb aus. Im Familienhaus in Mandling befand sich auch der Wollladen, in dem die Bauern ihre Schurwolle ablieferten, aber auch Stoffe und andere fertige Produkte erwerben konnten.

In den 1970er-Jahren übernahmen in der vierten Generation die beiden Brüder Willi und Herbert den Betrieb. Wurde Loden bis dahin ausschließlich regional respektive in Österreich und im bayrischen Raum verkauft, vertrieb man ihn ab den 1970er-Jahren auch darüber hinaus in den Nachbarländern Deutschland, Italien und Frankreich erfolgreich. Ende der 1990er-Jahre wurden jährlich rund 300.000 Meter Loden produziert, der in Kollektionen von renommierten Modehäusern und Couturiers wie Gucci, St. Laurent, Burberry, Prada etc. weiterverarbeitet wurde.

Heute leiten die Cousins Johannes und Herbert II. Steiner den Familienbetrieb in der mittlerweile fünften Generation. Beide haben das Lodenhandwerk von der Pike auf gelernt – ein absolutes Muss, wie beide meinen, um ein solches Traditionsunternehmen zukunftsweisend weiterführen zu können.

Die Anfänge der Lodenwalke in Mandling nach ihrer Gründung im Jahr 1888.

Das Brüderpaar, die begeisterten und erfahrenen Alpinisten Franz und Irg Steiner, im Jahr 1909. In den ersten, harten Jahren nach der Übernahme der Walke von seinem Onkel musste Franz Steiner im Sommer noch weiterhin als Bergführer arbeiten.

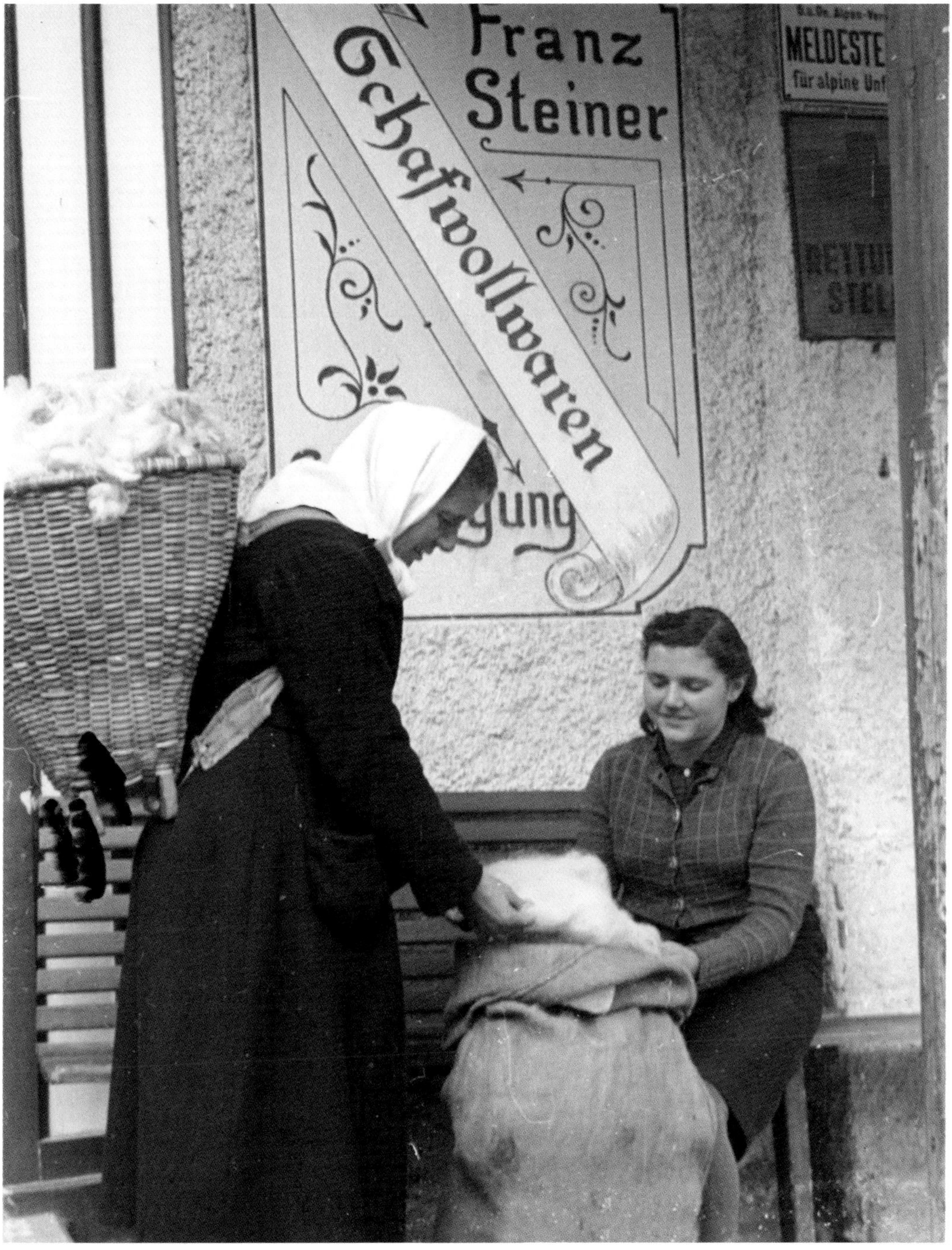

Schafwolllieferung einer Bäuerin und Begutachtung der Qualität. Ursprünglich wurde die Wolle von den Bauern mit zwei mit Nägeln beschlagenen Brettern aufgelockert, sozusagen „gekrempelt", und mit dem Spinnrad von den Bäuerinnen und den Mägden an den langen Winterabenden zu festen Fäden gesponnen.

Der Bau des neuen Fabrikgebäudes und Produktionsstandortes von Steiner-Loden begann im Jahr 1945. Im Laufe der Jahrzehnte entwickelte sich die Manufaktur immer weiter. Das erste alte Gebäude wurde stetig erweitert und aufgestockt.

In Sachen Technik nahm die Familie Steiner eine Vorreiterrolle ein. Bereits Mitte der 1920er-Jahre errichtete Franz Steiner ein Elektrizitätswerk in Mandling, um seinen eigenen Strom für sein Unternehmen zu erzeugen.

Auf dem „Krempelwolf" in der Wolferei wird die sortierte und gewaschene Wolle wieder aufgelockert, denn in diesem Zustand kann sie noch nicht zu Fertiggarn weiterverarbeitet werden, da die Wollfasern in Klumpen zusammenhängen und zumeist auch noch mit pflanzlichen sowie organischen Bestandteilen wie Samenkapseln, Kletten, Heu etc. verunreinigt sind.

Bis zum Zweiten Weltkrieg war das Bekleidungserzeugungssegment sehr handwerklich geprägt, erst nach dem Krieg begann man zunehmend zu technisieren und auf Maschinen umzustellen, sodass in vollstufiger Produktion mit Spinnerei, Weberei und Ausrüstung gearbeitet werden konnte.

„Wolle braucht Weile“ – lautet ein alter Handwerksspruch. Trotz der zunehmenden Technisierung hat sich die Herstellungsmethode und der Qualitätsanspruch des Schladminger Perllodens nicht wesentlich verändert. Auch heute noch wird zum Teil nach dem Urverfahren gewalkt, wie schon vor 500 Jahren.

Willi Steiner sen. beim Abwiegen der gelieferten Wolle in den 1950er-Jahren. Bereits nach dem Zweiten Weltkrieg war er in der Firma aktiv.

Die Zeiten stehen auf Expansion: das Geschäftsportal des Wollladens in Mandling, der Anfang der 1950er-Jahre eröffnet wurde.

Wollwaren vom Feinsten: Emma Steiner, die Ehefrau von Willi Steiner sen., führte das Geschäft in Mandling mit großem Engagement.

Bis zum heutigen Tag liefern die Landwirte der Region das Grundmaterial für den Loden: die Schurwolle.

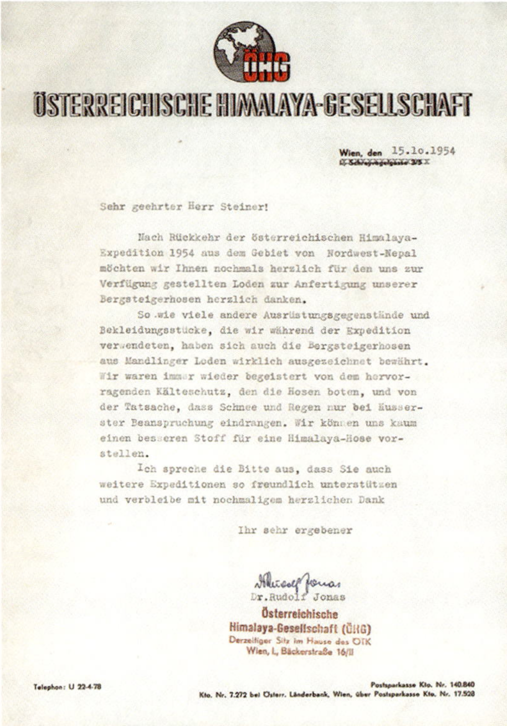

ÖHG

ÖSTERREICHISCHE HIMALAYA-GESELLSCHAFT

Wien, den 15.10.1954

Sehr geehrter Herr Steiner!

Nach Rückkehr der österreichischen Himalaya-Expedition 1954 aus dem Gebiet von Nordwest-Nepal möchten wir Ihnen nochmals herzlich für den uns zur Verfügung gestellten Loden zur Anfertigung unserer Bergsteigerhosen herzlich danken.

So wie viele andere Ausrüstungsgegenstände und Bekleidungsstücke, die wir während der Expedition verwendeten, haben sich auch die Bergsteigerhosen aus Mandlinger Loden wirklich ausgezeichnet bewährt. Wir waren immer wieder begeistert von dem hervorragenden Kälteschutz, den die Hosen boten, und von der Tatsache, dass Schnee und Regen nur bei äusserster Beanspruchung eindrangen. Wir können uns kaum einen besseren Stoff für eine Himalaya-Hose vorstellen.

Ich spreche die Bitte aus, dass Sie auch weitere Expeditionen so freundlich unterstützen und verbleibe mit nochmaligem herzlichen Dank

Ihr sehr ergebener

Dr.Rudolf Jonas

Österreichische Himalaya-Gesellschaft (ÖHG)
Derzeitiger Sitz im Hause des ÖTK
Wien, I., Bäckerstraße 16/II

Telephon: U 22-4-78

Postsparkasse Kto. Nr. 140.840
Kto. Nr. 7.272 bei Österr. Länderbank, Wien, über Postsparkasse Kto. Nr. 17.528

In einem Brief vom 15. Oktober 1954 lobt die Österreichische Himalaya-Gesellschaft die Bergsteigerhosen aus Mandlinger Loden in den höchsten Tönen, die Willi Steiner für die Expedition nach Nordwest-Nepal zur Verfügung gestellt hat.

1958 investierte Willi Steiner, der Großvater der heutigen Geschäftsführergeneration, in eine Skiliftanlage in Obertauern, da man ein zweites wirtschaftliches Standbein schaffen wollte. 1963 erwarb er auch das erste Pistengerät in Österreich. Niemand Geringeres als die Beatles drehten das Video zum Song „Help!“ 1965 auf eben jenem Pistengerät.

Loden-Steiner-Geschäft 1978 in Mandling. In den 1970er-Jahren wurde gleich neben der Manufaktur erstmals ein Handelswarengeschäft eröffnet, in dem auch fertige Lodenbekleidung verkauft wurde.

Drei Jahre später, 1981, folgte ein weiterer Filialbetrieb von Loden-Steiner am Hauptplatz in Schladming.

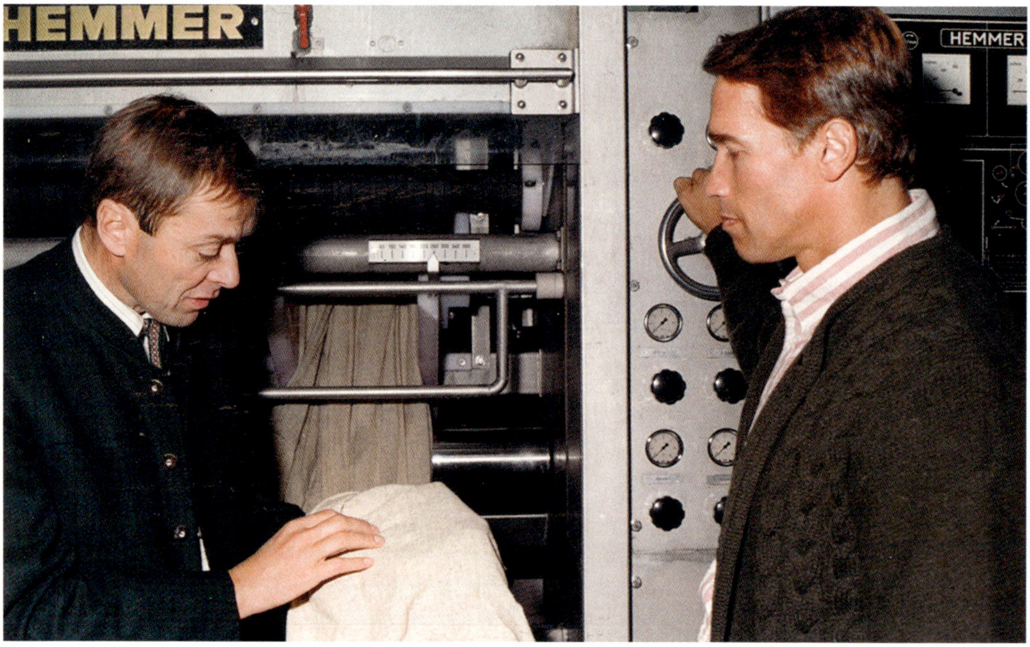

Auch internationale Stars wie der in der Steiermark geborene Arnold Schwarzenegger sind begeisterte Träger der Produkte aus dem Hause Steiner und wissen den Mandlinger Loden aus 100 Prozent Schurwolle vom österreichischen Bergschaf zu schätzen.

Der Schladminger Janker ist ein Stück Bekleidungskultur des steirischen Ennstales, insbesondere der Gegend um Schladming. Die traditionelle Herstellungsmethode macht den „Schladminger" so besonders. Die Voraussetzung für das schwarz-weiß geperlte Aussehen des Schladminger Lodens ist eine feine weiße Kette (Längsfäden) und ein glatter, gröberer schwarzer Schuß (Querfäden). Das Rohgewebe wird auf der 130 Jahre alten Hammerwalke verdichtet und gewalkt.

4

Edegger-Tax (1569)

Die Geschichte des ältesten als Familienunternehmen bestehenden Bäckereibetriebes inmitten der Grazer Altstadt nimmt ihren Ausgang vermutlich bereits im 14. Jahrhundert. Der ursprüngliche Standort der Hofbäckerei Edegger-Tax befand sich in der Sporgasse 15, nahe der heutigen Stiegenkirche, in einem der ältesten Stadtteile in Graz. Die erste Erwähnung des Betriebes ist auf das Jahr 1569 datiert. Darin wird Peter Veit als Besitzer der Bäckerei in der Sporgasse genannt, wobei in den folgenden Jahrzehnten die Eigentümer häufig wechselten. Im Jahr 1782 erwarb Mathias Tax das Haus samt Bäckerei. Die nachfolgenden Tax-Generationen erweiterten die Bäckerei fortlaufend und bauten sie zu einem der führenden Betriebe der Stadt Graz aus.

Der Urenkel von Mathias Tax, Franz, vermählte sich mit Sophie Mader, der Tochter des seit 1850 in der Hofgasse 6 ansässigen Bäckers Moritz Mader, und übernahm 1880 auch dessen Bäckerei. Franz Tax fusionierte die beiden Betriebe und übersiedelte noch im selben Jahr von der Sporgasse in die Hofgasse. Die Zusammenlegung sowie der darauffolgende Ausbau verhalfen der Bäckerei zu einem weiteren raschen Aufstieg. Im Jahr 1888 erhielt der „Luxus- und Zwiebackbäcker" Franz Tax das Dekret zur Verleihung des Titels eines k. u. k. Hofbäckers. Franz Tax verstarb in der Nachkriegszeit und sein Sohn Hubert, der den Betrieb eigentlich übernehmen sollte, fiel an der Front, woraufhin seine Witwe, Hertha Tax, die Bäckerei weiterführte.

Der Zweite Weltkrieg brachte neue Schwierigkeiten und Zwangsmaßnahmen mit sich. Nach Herthas Tod im Jahr 1942 führten ihre Kinder Franz und Herta vorübergehend den Betrieb. Ab 1950 übernahm Hertas Gatte, der Geschäftsmann Franz Edegger, den Platz seines Schwagers, als sich dieser für eine Laufbahn im öffentlichen Dienst entschied. Sofort nach seinem Eintritt begann Edegger den durch die Kriegsfolgen stark geschädigten Bäckereibetrieb wieder auf Vordermann zu bringen. Zu den Um- und Ausbauten zählten unter anderem die Aufstellung eines zusätzlichen Backofens, die Eröffnung einer Verkaufsabteilung für Milch- und Molkereiprodukte sowie 1954 die Eröffnung des „Hofcafés" in zwei angrenzenden Räumen der Bäckerei. Als er unerwartet im Alter von nur 52 Jahren verstarb, folgte ihm sein Sohn Erich Edegger nach. Allerdings wurden die Geschäfte aufgrund seiner Tätigkeit in der Grazer Gemeindepolitik, unter anderem war er ab 1983 Vizebürgermeister der Stadt Graz, weitgehend von seiner Ehefrau Walheide geführt.

1990 übernahm Sohn Robert Edegger mit nur 23 Jahren die Führung des Grazer Traditionsbetriebes. Er konzentrierte sich auf die Produktion von handgefertigten Feinbackwaren und adaptierte alte, tradierte Rezepte, wie beispielsweise den „Kaiserzwieback". Im Jahr 2015 wurde eine Zweigstelle der Hofbäckerei im „Land des Lächelns", in Tokio, eröffnet. Als klassischer Familienbetrieb geführt, arbeitet Robert Edegger auch nach über vier Jahrhunderten noch an der Wahrung der uralten Bäckereitradition in der Hofgasse 6 in Graz.

Das Gebäude in der Hofgasse 6 in der Grazer Innenstadt. Erst 1880 erwarb Franz Tax III. das Backhaus am heutigen Standort und baute es zu einer Bäckerei aus. Im Jahr 1950 wurde das Haus Hofgasse 6, einschließlich des zugehörigen Teils der Blutgasse, unter Denkmalschutz gestellt.

Das imposante Geschäftsportal der k. u. k. Hofbäckerei Edegger-Tax aus geschnitztem Holz mit dem vergoldeten, kaiserlichen Doppeladler wurde im Jahr 1896 vom Grazer Tischler Anton Irschik gestaltet und ist noch heute im Original erhalten.

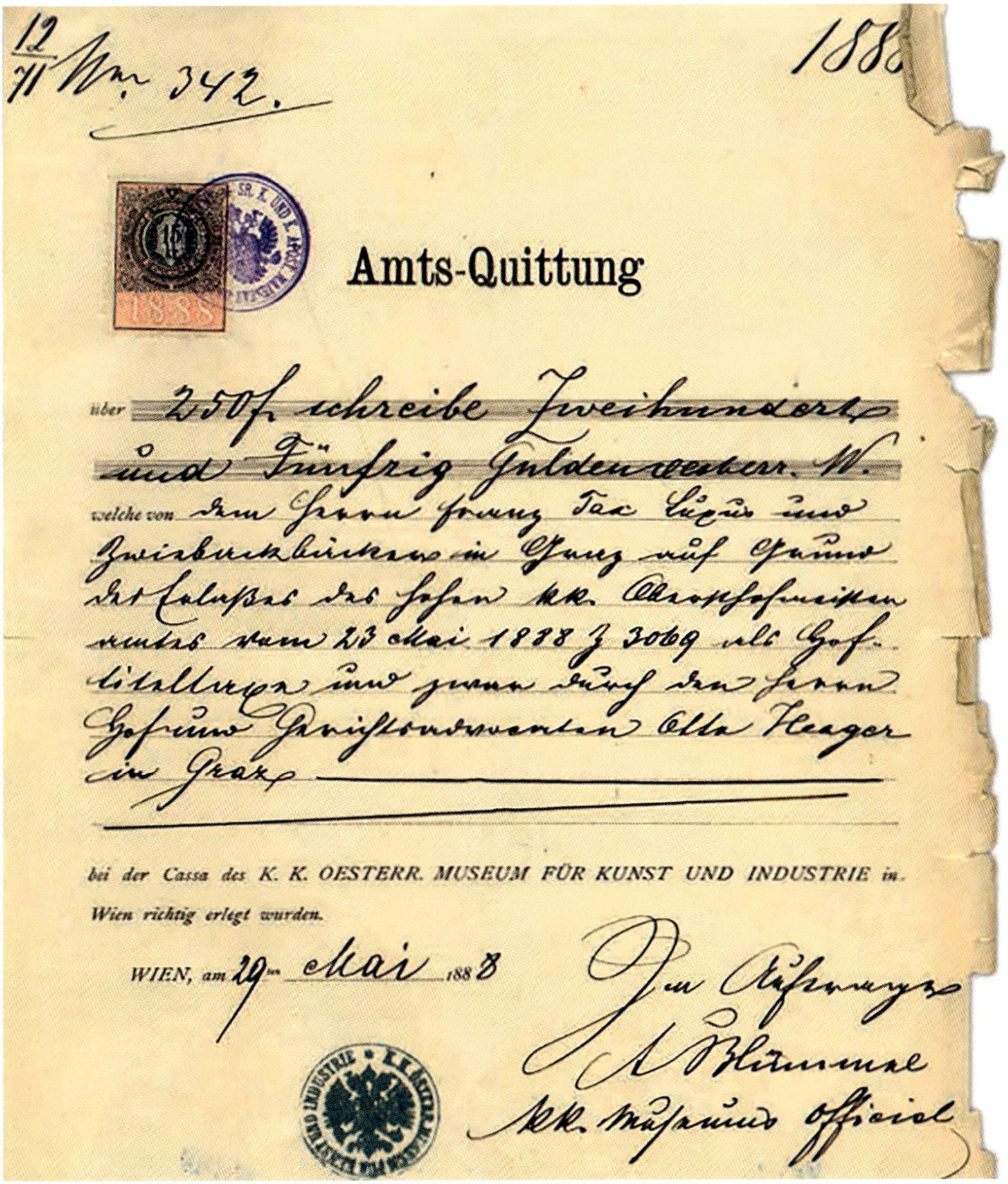

12/11 Nr. 342. 1888

Amts-Quittung

über 250 fl. schreibe Zweihundert und Fünfzig Gulden oesterr. W.

welche von dem Herrn Franz Tax Luxus und Zwiebackbäcker in Graz auf Grund des Erlasses des hohen k.k. Obersthofmeisteramtes vom 23 Mai 1888 Z 3069 als Hoftiteltaxe und zwar durch den Herrn [illegible] Otto Hager in Graz

bei der Cassa des K. K. OESTERR. MUSEUM FÜR KUNST UND INDUSTRIE in Wien richtig erlegt wurden.

WIEN, am 29ten Mai 1888

[illegible]

k.k. Museums Official

Quittung an Franz Tax über die Entrichtung der k. u. k. Hoftiteltaxe vom 29. Mai 1888. Anlässlich eines Besuches von Kaiser Franz Joseph 1883 in Graz belieferte die Bäckerei Tax die Hoftafel. Vier Jahre später, als sich das Kronprinzenpaar sowie Erzherzog Leopold Salvator in Graz aufhielten, wurde der Bäckerei diese Ehre erneut zuteil.

Produktverpackungen aus den 1880er- und 1890er-Jahren. Einmal vor (oben) und einmal nach (unten) des Erhalts des Titels k. u. k. Hofbäcker.

Die Mannschaft der Bäckerei Edegger-Tax in den 1960er-Jahren in der Backstube. Gleich in den Jahrzehnten nach dem Zweiten Weltkrieg begann Schwiegersohn Franz Edegger den durch die Folgen des Krieges stark geschädigten Bäckereibetrieb wieder auf Vordermann zu bringen.

Zu den umfangreichen Um- und Ausbauten in den 1950er- und 1960er-Jahren zählten unter anderem die Aufstellung eines zusätzlichen Backofens, die völlige Erneuerung des Maschinenparks sowie die Eröffnung einer Verkaufsabteilung für Milch- und Molkerei-produkte.

Frisch und ofenwarm zum Kunden: Backwarenlieferung in den frühen Morgenstunden in den 1960er-Jahren.

Einer der Verkaufsschlager ist nach wie vor das exklusive, feine Weihnachtsgebäck.

Stetes Wachstum: Im Jahr 1954 eröffnete Franz Edegger in zwei angrenzenden Räumen der Bäckerei in der Hofgasse 8 das „Hofcafé". Seit 2015 produziert und verkauft die Hofbäckerei Edegger-Tax auch in Tokio ihre feinen Backwaren.

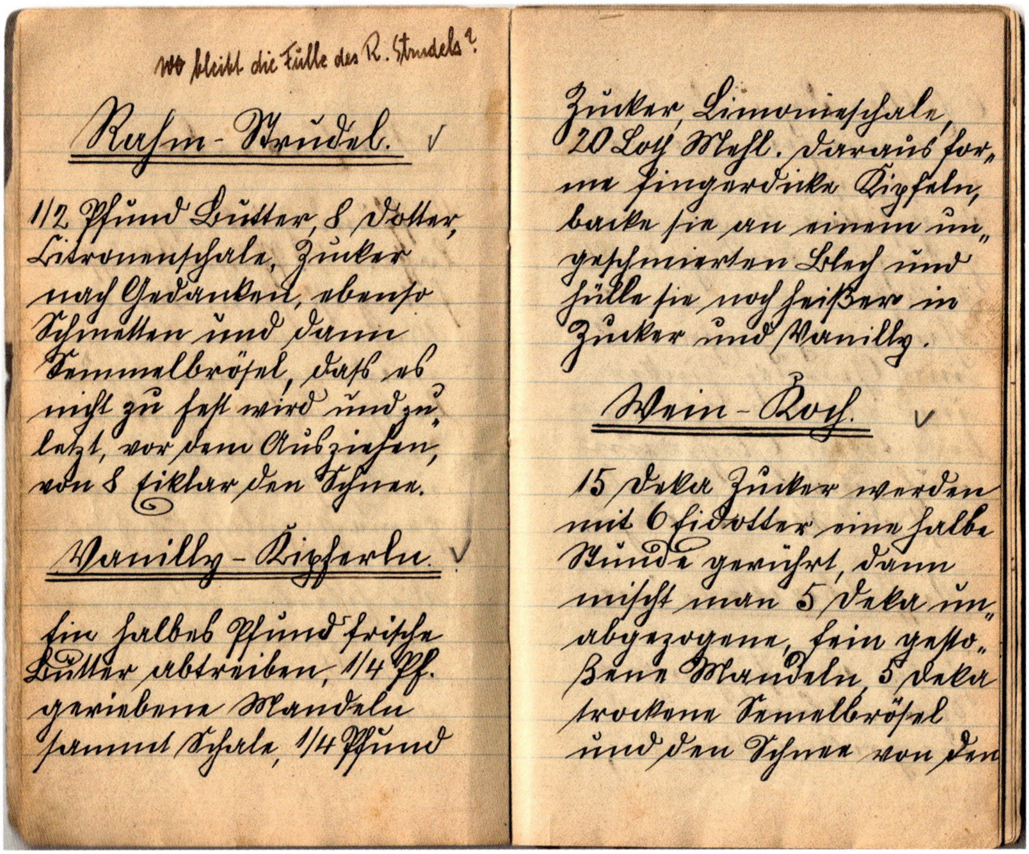

Auch heute bäckt man in der Grazer Traditionsbäckerei Edegger-Tax noch nach alten, tradierten Originalrezepturen, die von Generation zu Generation weitervererbt wurden.

5

J. Hornig (1912)

Alles begann im Jahr 1912, als sich Richard Schnürch, Inhaber des Kolonial- und Specerei-Fachgeschäfts „Zur Handelsflagge" in der Grazer Sporgasse 24, zur Ruhe setzen will. Sein Lehrling Johannes Hornig übernahm das Geschäft und eröffnete es als „Hornig, vormals Schnürch" neu. Bereits ein Jahr später begann er jenes Produkt zu verkaufen, das die Firma in Zukunft wesentlich definieren wird, nämlich Kaffee. Im ersten Stock des Stammhauses richtete Hornig eine eigene Kaffeerösterei ein, die 1928 um eine größere Rösttrommel mit einer Kapazität von 75 Kilogramm erweitert wurde. Diverse Teesorten, Nahrungs- und Genussmittel, vom Champagner, über polnische Speckwurst, bis hin zu Gebrauchsgegenständen wie etwa Bügelkohle, gehörten damals zum Sortiment.

Als der Unternehmensgründer Johannes Hornig I. 1931 im Alter von nur 46 Jahren starb, übernahm seine Witwe Luise Hornig die Geschäftsleitung und steuerte das Unternehmen, unterstützt von ihren noch jungen Söhnen Johannes II. und Erich, geschickt durch die schwierigen Jahre der Weltwirtschaftskrise in den 1930er-Jahren.

Während des Zweiten Weltkrieges wurde das Firmenbüro in der Grazer Annenstraße von einer Bombe zerstört, nach Kriegsende wurde es wieder aufgebaut. Die Räumlichkeiten wurden vergrößert und 1946 verlegte man den Firmensitz komplett in die Annenstraße, wo Johannes II. in der Folge ein Großhandelsgeschäft im Lebensmittelsegment etablierte. Gemeinsam mit anderen steirischen Lebensmittel-Großhändlern gründete er die A&O-Handelsvereinigung, die sich bald zu einer äußerst leistungsfähigen Handelsorganisation entwickeln sollte. Das ursprüngliche Stammhaus in der Sporgasse führte sein Bruder Erich mit Mutter Luise weiter.

Rund zehn Jahre später, im Jahr 1957, begann man mit dem Bau eines 16.000 Quadratmeter großen, neuen Firmenareals in der Waagner-Biro-Straße, das schlussendlich 1961 bezogen wurde. Hier entstand eine der zum damaligen Zeitpunkt größten ebenerdigen Lagerhallen Österreichs. Unter anderem war an diesem neuen Standort eine Kaffeegroßrösterei, eine Teepackerei und ein Kühllager untergebracht. Parallel zum sukzessiven strategischen Ausbau der Großhandelsschiene entwickelte man in den kommenden Jahren eine eigene Einzelhandelssparte von Hornig. So wurden insgesamt 13 Hornig-Filialbetriebe in ganz Österreich eröffnet.

Anfang der 1990er-Jahre übernahm J. Hornig zehn Filialen der in die Pleite geschlitterten Lebensmittelkette Konsum. Allerdings kam man ab 2005 selbst unter wirtschaftlichen Druck und veräußerte in der Folge alle Eigenfilialen sowie den Gastrokundenstock an die österreichische Pfeiffer-Handelsgruppe und die Familie Hornig fokussierte sich wieder auf ihre einstige Kernkompetenz – den Kaffee.

2011 erwarb der Hamburger Kaffeehändler J.J. Darboven 75 Prozent der Firmenanteile von Hornig. Johannes Hornig IV. wurde mit Jahresbeginn 2012 zum geschäftsführenden Gesellschafter und startete einen breitangelegten, erfolgreichen Markenrelaunch inklusive Redesign.

Als sich Richard Schnürch, der vormalige Eigentümer des Kolonial- und Specerei-Fachgeschäfts „Zur Handelsflagge" in der Grazer Sporgasse 24, im Jahr 1912 zur Ruhe setzen wollte, übernahm sein Lehrling Johannes Hornig das Geschäft.

Außenfassade des Stammgeschäfts J. Hornig in den 1980er-Jahren, das Erich Hornig und Mutter Luise, die im Jahr 1979 im Alter von 92 Jahren verstarb, führten.

Das Stammgeschäft J. Hornig prägte viele Jahre das Bild der Grazer Innenstadt.

Das Geheimnis der J. Hornig Kaffeebohnen liegt zum einen in der Auswahl ausschließlich hochwertigster Bohnen aus den besten Anbaugebieten der Welt und zum anderen in der traditionellen Methode der schonenden Langzeitröstung.

Arbeiterinnen beim Verpacken der Teelieferungen in den 1960er-Jahren.

Kaffee-Verpackungen von 1955, um 1970 und Ende der 1980er-Jahre. Rechts oben: eine Hornig-Kaffeedose aus den 1960er-Jahren.

Kurz nach dem Ersten Weltkrieg wurde der Firmensitz in die Grazer Annenstraße verlegt, wo ein Lebensmittelgroßhandel entstand. 1957 begann die neue Unternehmensführung mit dem Bau einer 16.000 Quadratmeter großen Firmenzentrale in der Waagner-Biro-Straße, die im Jahr 1960 bezogen wurde.

Auf dem neuen Firmenareal befanden sich unter anderem eine Kaffeegroßrösterei, eine Teepackerei, ein Kühllager sowie die damals größte ebenerdige Lagerhalle Österreichs.

Technische Innovation und Meilenstein: Im Jahr 1967 wurde das erste Computersystem in ganz Österreich im Hauptquartier von Hornig installiert.

Anfang der 1960er-Jahre expandierte J. Hornig und baute neben dem Großhandel, der mittlerweile viele Einzelhändler und Gastronomiebetriebe belieferte, eine eigene Einzelhandelsparte mit einem Filialnetz auf.

Die A&O-Handelsvereinigung entwickelte sich rasch zu einer wirtschaftlich äußerst leistungsfähigen Handelsorganisation.

Unter der Marke A&O wuchs die Belieferung von selbstständigen Kaufleuten in den 1960er- und 1970er-Jahren stetig an. Später entstand unter anderem aus dem A&O-Handelsverbund die noch heute bestehende Dachmarke der Nah & Frisch-Gruppe.

Anfang der 1980er-Jahre startete der österreichweite Verkauf von Kaffee.

Als im Jahr 1964 die Olympischen Winterspiele zum ersten Mal in Innsbruck ausgetragen wurden, war J. Hornig mit einem Reklamestand dabei.

Mitte der 1990er-Jahre begann Hornig-Kaffee als erstes österreichisches Kaffeeunternehmen die Zusammenarbeit mit „TransFair", einer Handelsorganisation, die sich für fair gehandelten Kaffee einsetzt.

Auch über die Grenzen Österreichs hinaus ist die Kaffeemarke J. Hornig bekannt: Als die ersten österreichischen Astronauten mit der „Austromir" 1991 in den Weltraum geschickt wurden, bewirteten sie ihre russischen Kollegen auf der Raumstation Mir mit Mozartkugeln und Hornig-Kaffee.

Plakate und Werbesujets von Hornig-Kaffee aus den 1960er-Jahren. Feinste Qualität in Kombination mit größter Sorgfalt: Die Kaffeebohnen werden bei J. Hornig auch heute noch ganz traditionell mit einem Trommelröster mit rund 240 Kilogramm Fassungsvermögen geröstet. Die Temperatur in der Trommel bewegt sich bei schonenden 195 und 205 Grad Celsius. Fair Trade und Direct Trade sind ein selbstverständliches Muss des gelebten Unternehmertums bei J. Hornig. Und auch Neuentwicklungen kommen nicht zu kurz: 2017 wurde im 7. Wiener Bezirk eine stylische Kaffeebar eröffnet, wo man unter anderem den „Cold Brew" von J. Hornig genießen kann.

6

Berghofer-Mühle (12. Jhdt. / 1845)

Schon seit jeher prägten Mühlen und damit einhergehend das Müllereihandwerk die Wirtschafts- und Kulturgeschichte. Die ersten urkundlichen Erwähnungen der Berghofer-Mühle in Fehring im Raabtal, im oststeirischen Thermen- und Vulkanland, finden sich gegen Ende des 12. Jahrhunderts. In den kommenden Jahrhunderten wechselten die Eigentümer mehrmals, unter anderem befand sich die Mühle bis 1788 im Besitz der Gutsherren von Trautmannsdorf. Im Jahr 1845 gelangte die Mühle durch eine Witwenheirat in den Besitz der Familie Berghofer. Verstarb damals ein Müllermeister, war die Witwe meist gezwungen, durch eine neuerliche Vermählung den Fortbestand des Müllereibetriebes zu sichern. So heiratete die Müllerwitwe Juliana Laminger aus Fehring den aus Blumau stammenden Müllersohn Johann Berghofer.

In der zweiten Generation übernahm 1868 aufgrund des frühen Todes des Vaters Johann Berghofer II., der Sohn aus erster Ehe, die Mühle. Er war wie sein Vater ein Müller aus Leidenschaft und ein innovativer Unternehmer. So ließ er unter anderem 1906 eine elektrische Eigenanlage zur Beleuchtung des Wohn- und Mühlengebäudes errichten. Mit seiner Ehefrau Caroline hatte er fünf Kinder, wovon der älteste Sohn Johann III., genannt Hans, für die Nachfolge vorgesehen war. Da er kinderlos blieb, kehrte sein jüngerer Bruder Franz 1918 auf die elterliche Mühle zurück. Das Brüderpaar führte die Mühle in den kommenden Jahrzehnten sehr erfolgreich. Man baute das Tätigkeitsfeld sukzessive aus und gründete 1920 die Firma Johann Berghofer, Kunstmühle, Elektrizitäts- und Sägewerk und Ölpresse GmbH. Nach dem Tod von Franz Berghofer übernahm sein Sohn Herbert den Mühlenbetrieb und führte ihn gemeinsam mit seinem Onkel Hans bis zu dessen Tod 1948. Und auch die fünfte Mühlen-Generation war mit den beiden Söhnen Herbert und Erwin bereits gesichert. Beide erlernten das Müllereihandwerk und als Herbert Berghofer 1968 plötzlich verstarb, leitete Erwin, unterstützt von seiner Ehefrau Helga, das Familienunternehmen die nächsten drei Jahrzehnte. Auch er führte zahlreiche Erneuerungen und Umbauten durch, unter anderem ließ er eine Trocknungsanlage, Dünge- und Lagerhallen sowie einen Mühlenladen errichten und optimierte den angeschlossenen landwirtschaftlichen Betrieb.

Heute besteht das Traditionsunternehmen aus einer Getreide- und Ölmühle, einem Kleinwasserkraftwerk, einer Landwirtschaft, einem Mühlenladen und einer Mühlenschule samt Hofgarten. Drei Schwestern sind 1999 in der sechsten Generation in die Fußstapfen ihrer Vorfahren getreten. Der EU-Beitritt Österreichs 1995 hatte durch den Wegfall des Mühlenkontingents vor allem für das Müllereigewerbe große und nachhaltige Veränderungen gebracht. Keine leichte Aufgabe. Und trotzdem: Mit viel Verve und Einsatzfreude halten Diana, Liane und Isabella Berghofer die 800 Jahre alte Berghofer-Mühle und den traditionsreichen Mühlenbetrieb im wahrsten Sinne des Wortes am Laufen. Da bleibt nur noch der letzten noch bestehenden Raabtalmühle „Glück zu!“ zu wünschen, wie der traditionelle Müllergruß lautet.

Johann Berghofer II. war der älteste Sohn aus erster Ehe von Johann Berghofer I. Er folgte im Jahr nach dem plötzlichen Tod seines Vaters 1867 als Müllermeister nach. Hier ist er mit seinem zehnjährigen Halbbruder Franz Karl zu sehen.

Mühlenbelegschaft um 1900: In der dritten Generation war der älteste Sohn Johann Berghofer III. (2.v.r.), genannt Hans, für die Übernahme der Mühle vorgesehen. Da er kinderlos blieb, führte er die Mühle ab 1918 gemeinsam mit seinem jüngeren Bruder Franz.

Die wiederaufgebaute Berghofer-Mühle um 1918, die durch einen Brand im Krieg am 17. September 1915 fast völlig zerstört worden war. Beim Wiederaufbau wurde unter anderem das Hauptgebäude durch einen vierten Stock ergänzt sowie anstelle der früheren Wasserräder eine moderne Francis-Turbine mit einer Höchstleistung von 120 PS eingebaut.

Franz Berghofer, die dritte Generation, und seine Ehefrau Ida leiteten den Mühlenbetrieb in den wirtschaftlich schwierigen Zeiten der Nach- und Zwischenkriegsjahre. Franz Berghofer engagierte sich auch auf Kommunalebene. Er war nicht nur Hauptmann der Freiwilligen Feuerwehr, sondern von 1929 bis 1934 auch Bürgermeister von Fehring.

Der sogenannte Wehrtumpf der Mühle an der Raab war multifunktional: Er war als Badeplatz bei der Fehringer Bevölkerung sehr beliebt, diente aber ebenso als Waschplatz sowie als Löschwasserspeicher für die Feuerwehr.

Mühlenbelegschaft der Fehringer Berghofer-Mühle in den 1920er-Jahren.

Der Wiederaufbau der Wehranlage erfolgte in den Jahren 1945 bis 1947. 1949 eröffnete man Teile des Betriebes. Erst 1952 ging die gesamte Mühle wieder in Betrieb. Die zerstörte Säge und die Ölmühle wurden an anderen Stellen neu errichtet.

Nachdem die durch die Explosion zerstörte Raab-Brücke wiederaufgebaut worden war, wurde sie nur zwei Jahre später 1947 unglücklicherweise erneut komplett zerstört: diesmal durch einen Eisstoß.

Die vierte und fünfte Generation der Familie Berghofer: Herbert und Liane mit ihren Söhnen Herbert und Erwin. Nach dem überraschenden Tod des Vaters 1968 übernahm Erwin Berghofer die Mühle.

Das „Dreimäderlhaus", die Schwestern Liane, Diana und Isabella Berghofer im Jahr 1987. Die drei Töchter übernahmen 1999 gemeinsam in sechster Generation die Berghofer-Mühle. Mit ihnen kam es zu einer Neuorientierung des Traditionsunternehmens – unter anderem gestalteten sie die Mühle in eine Erlebnismühle um.

7

Weikhard (1680)

Wer kennt sie nicht – die Weikhard-Uhr in der Grazer Innenstadt? Ganz zu Recht wird sie neben dem Uhrturm als eines der bekanntesten Grazer Wahrzeichen bezeichnet. Schon seit 1930 ist sie beliebter Treffpunkt von Generationen für so manches Tête-à-Tête. Sie ist aber auch Markenzeichen für das traditionsreiche Grazer Familien- und Handwerksunternehmen Weikhard.

Die Wurzeln der Goldschmiede-Dynastie lassen sich laut der Familienchronik bis ins Jahr 1680 zurückverfolgen. Und auch das Uhrmacherhandwerk kam bald als Teil der handwerklichen Expertise des Traditionsunternehmens dazu. Wurde in den Anfängen der Uhrmacherkunst das Handwerk noch von Schmieden und Schlossern ausgeübt, entstanden Mitte des 16. Jahrhunderts die ersten Uhrmacherzünfte in Europa. Ein erstes Geschäft ist aus dem Jahr 1732 belegt, das in der damaligen Grazer „Murvorstadt" von einem Vorfahren der Weikhards gegründet wurde.

Der Name Weikhard tritt erstmals im Jahr 1850 in Erscheinung, als Anton Weikhard das Geschäft des Uhrmachers Johann Rummel von dessen Tochter und Erbin erwarb, das sich in der damaligen Annenstraße 531, heute Nummer 12, befand. 1888 übernahm sein Sohn Anton II. in der nächsten Generation die Geschäftsleitung, der erstmals ein Gold- und Silberwarenlager einführte. Schon im Jahr 1889 konnte er das Geschäftslokal aufgrund des wirtschaftlichen Erfolges an eine prominentere Adresse, an den Südtirolerplatz, verlegen und vergrößerte es sukzessive. Um die Jahrhundertwende konnte er zudem eine Reparaturwerkstätte mit bereits fünf Gehilfen eröffnen. Im Jahr 1911 erfolgte abermals ein Umzug des Geschäftssitzes an den heutigen Standort, an den Hauptplatz 13. Das historisch bedeutende Gebäude mit Bauelementen aus dem 11. bis 14. Jahrhundert verfügt unter anderem über einen gut erhaltenen, pittoresken Arkaden-Innenhof und stellt ein Baujuwel der Grazer Innstadt dar.

Nach dem Ersten Weltkrieg übernahmen die Söhne Anton III., der in der Schweiz das Uhrmacherhandwerk erlernt hatte, und Hermann, der ein Juwelier und Goldschmied war, das Geschäft. Unter ihrer Ägide wurde im Jahr 1930 die mittlerweile berühmte, im Bauhausstil gehaltene Weikhard-Uhr am Hauptplatz vor dem Geschäft errichtet. Im Jahr 1953 wurde die Firma für fast drei Jahrzehnte in die beiden Geschäftssegmente Uhren und Juwelier getrennt. 1988 wurden sie wieder vereint und werden seitdem von Klaus und seinem Onkel Hermann Weikhard gemeinsam geführt.

Rund 60 Mitarbeiter beschäftigt das Traditionshaus Weikhard heute, das zu den ältesten Betrieben der Steiermark zählt. Während sich im Erdgeschoss die Verkaufsräumlichkeiten befinden, sind im ersten Stock die Werkstätten sowie im zweiten und dritten Stockwerk das hauseigene Edelstein-Labor untergebracht.

Eines der ersten Bilder der Geschäftsfassade von Weikhard an der neuen, prominenten Adresse Hauptplatz 13, aufgenommen um die Jahrhundertwende.

Die Werkstatt von Weikhard am Hauptplatz 13 wurde am 1. Oktober 1911 eröffnet. Hier ist sie im Jahr 1912 zu sehen.

Heute befinden sich an dieser Adresse im Erdgeschoss und im ersten Stock die Verkaufsräumlichkeiten des Traditionsunternehmens Weikhard, während die Werkstätten sowie das hauseigene Edelstein-Labor im zweiten und dritten Stockwerk untergebracht sind.

Damals wie heute ist die Firma Weikhard die erste Adresse für Uhren, Schmuck und Accessoires in der Grazer Innenstadt. Im Traditionsunternehmen achtet man seit eh und je auf Qualität, kompetente Beratung und höchsten Kundenservice.

Geschäftsfassade von Weikhard in den 1930er-Jahren.

Die 1930 vor dem Geschäftslokal errichtete Weikhard-Uhr ist seit über 90 Jahren beliebter Treffpunkt für Rendezvous in der Grazer Innenstadt und per definitionem eine Konstante der Zeit. Im Bauhausstil gestaltet, verbindet sie handwerkliche Funktionalität mit ästhetischem Anspruch.

In den Jahren 2001 und 2015 wurde die Weikhard-Uhr originalgetreu renoviert. Insbesondere wurde die Innenbeleuchtung der Uhr überarbeitet, sodass die Lichtfarbe wieder dem einstigen Originalzustand entspricht.

Die Geschichte des Weikhard-Hauses am Hauptplatz 13 kann viele Jahrhunderte zurückverfolgt werden. So finden sich im überdachten Innenhof Mauerwerk und Säulen aus dem 11. bis 14. Jahrhundert. Die spätklassizistische Fassade wurde mehrmals verändert und präsentiert sich heute in einer strengen und eleganten Form.

Um 1160 wurde der Hauptplatz als zentraler Marktplatz von Herzog Ottokar III. angelegt. Spätgotische, barocke und biedermeierliche Fassaden dominieren den Platz am Fuße des Schlossbergs.

8

Leithner Hüte (1532)

Das erste nachweisbare Dokument über Leithner Hüte datiert aus dem Jahr 1532 und wird im Kammerhofmuseum des Kurortes Bad Aussee aufbewahrt. Die Urkunde dokumentiert, dass der „Huetterer" Jörg Leeb bereits damals am heutigen Standort des Geschäfts und der Werkstätten in der Bahnhofstraße 129 in Bad Aussee das Hutmacherhandwerk ausübte. Mehrmalige Eigentümerwechsel prägten in der Folge die Historie des Unternehmens. Im Jahr 1873 kreierte der aus Judenburg stammende Hutmacher und damalige Besitzer Ferdinand Reiter den bis heute beliebten Ausseer Hut mit dem charakteristischen schwarzen Stumpen aus Kaninchenhaar und dem typischen dunkelgrünen Seidenband. Der Hutmacher August Peischl aus Bozen erwarb 1939 das Geschäft und die Werkstätte von den Enkeln Ferdinand Reiters. Im Jahr 1960 schließlich kaufte Franz Leithner aus Bad Ischl das Unternehmen von Peischls Witwe. 1989 übernahm die Tochter von Franz Leithner, Elfriede, den Traditionsbetrieb und führte ihn über 20 Jahre in bewährter Form weiter. Seit 2010 leitet der gelernte Hutmachermeister und Sohn von Elfriede Reiter, Alexander, das Unternehmen.

Seit nunmehr 490 Jahren wird der edle Ausseer Kopfschmuck in der Werkstätte von Hand gefertigt. Ausgangspunkt bei der Hutfertigung ist dabei der sogenannte Hutstumpen, der aus Hasen- oder Kaninchenhaar oder Schafwolle gewalkt wird. Ein wesentliches Unterscheidungsmerkmal ist dabei, dass der Haarhut leichter und feiner als der Lodenhut aus Schafwolle ist. Nach dem sogenannten Appretieren, dem Aufbringen flüssiger Steifungsmittel wie Schellack oder Gelatine, wird der Hutrohling mit heißem Wasserdampf unter einer Dampfglocke auf zirka 100 Grad erhitzt, wodurch er formbar gemacht wird. Nach dem Aufziehen, dem sogenannten Plattieren, auf diverse Hutformen aus Lindenholz kommt das Hutmodell in eine mit Holz beheizte Trockenkammer, wo es bei rund 50 bis 70 Grad über Nacht getrocknet wird. Nachdem der Hut von der Form genommen wurde, wird die Oberfläche mit Bürsten und Dampf geglättet, denn die Haare müssen korrekt im Strich liegen. Nach einem erneuten Trocknungsvorgang wird der Rand des Hutes ausgeschnitten bzw. umgebügelt. Danach wird der Hut in der Näherei weiterverarbeitet. Ein Schweißband aus Leder oder Stretchstoff wird an der Hutinnenseite angenäht und beim Ausseer Hut etwa wird der Krempenrand mit dunkelgrüner Seide eingefasst. Zudem wird in der Näherei die sogenannte Garnierung am Hut aufgebracht. Mit unterschiedlichen Accessoires wie Bändern, Schnüren, Kordeln, Ziernähten oder Applikationen wie Gamsbärten oder Auerhahnfedern werden die Kopfkunstwerke zusätzlich aufgehübscht.

Ungefähr zwei bis drei Tage dauert die Herstellung dieser traditionellen, ursteirischen Kopfbedeckung aus dem Ausseerland. Der Hutklassiker und das Original aus Bad Aussee ist noch heute sehr beliebt und wird bei vielen Gelegenheiten und Anlässen nicht nur im Ausseerland getragen.

Alte Ansicht von Bad Aussee aus den 1930er-Jahren von Südwesten zur Trisselwand hin.

Der Ururgroßvater des heutigen Inhabers Alexander Reiter und Hutmacher Franz Leithner (Mitte) um 1900.

Geschäftsfassade von Leithner Hüte in Bad Aussee in der Bahnhofstraße. Über 200 unterschiedliche Hutmodelle werden in der Werkstatt von Leithner Hüte auch heute noch von Hand gefertigt.

Seit fast einem halben Jahrtausend wird in der Werkstatt von Leithner jeder einzelne Arbeitsschritt, vom Stumpen bis zum fertigen Hut, nach alter Handwerkskunst ausgeführt.

Historische Hutmodelle aus Holz. Die Konfektionsgröße für Hüte entspricht dem Kopfumfang in Zentimetern, gemessen oberhalb der Ohren und über die Mitte der Stirn. Für jedes Modell und jede Kopfgröße ist eine eigene Form notwendig. Die Normgrößen reichen dabei von 54 bis 62 Zentimetern.

Der „Goiserer“ wird aus hochwertigem Schladminger Filz gefertigt und mit der typischen dunkelgrünen Woll- oder Seidenkordel garniert.

Miss World Ulla Weigerstorfer, eine geborene Bad Ausseerin, mit einem original Altausseer Hut von Leithner. Sie wurde als zweite Österreicherin im Jahr 1987 zur schönsten Frau der Welt gekürt.

Das Geschäftslokal von Leithner Hüte. Das Wort „Hut" leitet sich vom mittelhochdeutschen Wort „Huot" ab und bedeutete ursprünglich Decke oder Schutz.

Vor allem im Salzkammergut war und ist der Hut nicht nur Tracht, sondern ein fixer und gern getragener Bestandteil der Kleidung. Nicht nur als optisches Modeaccessoire, sondern auch aus praktischen Gründen ist der Hut in dieser Region unentbehrlich.

9

Maßschneiderei Haselnus (1932)

Direkt am Fuße des Losers, der sich als eines der Wahrzeichen des Ausseerlandes mit 1.837 Metern am Nordufer des idyllischen Altausseer Sees erhebt, befindet sich das traditionsreiche Trachtenhaus Haselnus. Es ist einer der zahlreichen, namhaften Betriebe, die in Altaussee seit Generationen Trachtenkleidung nach Maß anfertigen.

Altaussee, kurz liebevoll Aussee genannt, gilt als die heimliche Trachtenhauptstadt Österreichs. Weit über die Grenzen hinaus ist die Ausseer Tracht – vom Ausseer Dirndl, über die Lederhose und den Ausseer Hut, bis hin zum Trachtenjanker oder Ausseer Spencer – als Kulturobjekt beliebt und bekannt.

Eines der nicht nur geläufigsten, sondern auch populärsten Produkte, die in der Maßschneiderei Haselnus seit ihrer Gründung im Jahr 1932 in Handarbeit hergestellt werden, ist der Altausseer Spencer. Der Männerkurzrock wird aus grauem Loden gefertigt und ist an Revers, Kragen, Taschen und Ärmeln mit grünem Besatztuch ausgeschlagen, das mit aufwendiger Ziersteppereí vernäht ist. Zudem werden beim Original echte Hirschhornknöpfe aus Abbruchstangen als Verschluss verwendet. Sein Markenzeichen ist die handgestickte Gams am Rücken, woher auch die oftmals verwendeten Bezeichnungen „Gamsfrackl" oder „Ausseer Gamserlrock" kommen. Das Gamserl ist mehrfarbig gestickt und in früheren Zeiten erkannte man anhand des markanten Rückendetails und der Art der Stickerei, in welcher Schneidereiwerkstätte der Spencer gefertigt worden war. Als Hose trägt man zum Ausseer Spencer eine kurze Ausseer Lederhose in Kombination mit grünen Stutzen. Rund 50 Stunden Arbeitszeit werden für ein maßgeschneidertes Stück benötigt. Vom Aussuchen des Stoffes und der Knöpfe sowie dem Maßnehmen bis hin zur ersten und zweiten Anprobe nimmt die Fertigstellung eines reinen Maßstückes zwei bis drei Monate in Anspruch – von Stickerei und Ausführung abhängig.

Das Thema Tradition und Tracht ist im Familienbetrieb Haselnus, der bereits in dritter Generation geführt wird, allgegenwärtig. Die Trachtenmaßschneiderei in Altaussee wurde 1932 von Georg Haselnus senior gegründet. Sein Sohn Georg II. Haselnus trat im Jahr 1973 in das Unternehmen ein, das er 45 Jahre lang führte. 2012 übernahm mit René Haselnus, der die Meisterprüfung ebenfalls im Familienbetrieb absolvierte, die dritte Generation. Auch Seniorchef Georg II. Haselnus ist nach wie vor im Unternehmen tätig. Der Weitergabe des tradierten Wissens um das Schneidereihandwerk fühlt man sich bei Haselnus verpflichtet. Rund 34 Lehrlinge hat Georg Haselnus zu Facharbeitern ausgebildet.

Die hohe Kunst und das alte Wissen rund um das Handwerk werden in der renommierten Ausseer Trachtenschneiderei Haselnus hochgehalten und bewahrt. Historische Vorlagen und alte Schnitte, die Ausfertigung und auch Farben betreffend, wurden von Generation zu Generation weitergegeben und sind so auch heute noch Basis für die original Ausseer Trachten.

Der Gründer des Unternehmens Georg Haselnus trug selbst oft Tracht.

Die Präsenz der Tracht im Salzkammergut wurde durch die adeligen und gutbürgerlichen Sommerfrischegäste bereits ab dem 19. Jahrhundert forciert. Die einfache, aber pittoreske Kleidung der Einheimischen gefiel den Sommergästen derart, dass sie sie ebenfalls in salonfähiger Form tragen wollten.

Die Geschichte der Trachtenschneiderei Haselnus in Altaussee begann in den wirtschaftlich schwierigen Zwischenkriegsjahren, im Jahr 1932.

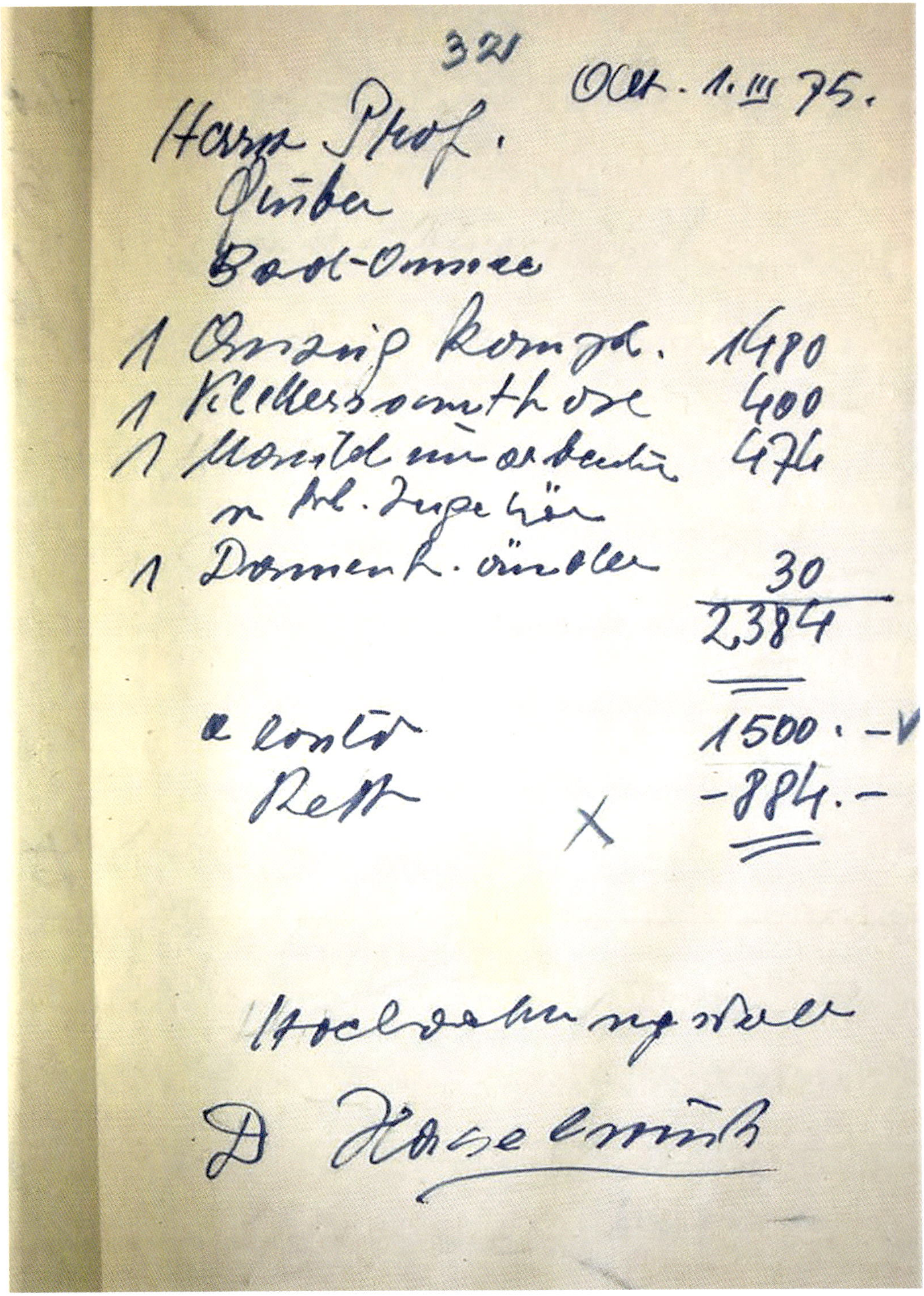
321
Oct. 1. III 75.
Herrn Prof.
[illegible]
[illegible]

1	Anzug kompl.	1480
1	[illegible]	400
1	Mantel umarbeiten [illegible]	476
1	Damenk. ändern	30
		2384
	a conto	1500.–
	Rest	884.–

Hochachtungsvoll
D Haselnuß

Auftrags- und Rechnungsbuch von Haselnus, datiert mit 1. März 1975.

Im Atelier der Schneiderei Haselnus entstehen seit mittlerweile 90 Jahren edle Trachtenstücke nach Maß oder auch Halbmaß, wobei ausschließlich hochwertige Materialien zum Einsatz kommen.

Die hochwertig gefertigten, maßgeschneiderten Janker werden bei der Ausführung auf einer echten Rosshaareinlage gearbeitet. Das Kleidungsstück bleibt dadurch formbeständig und gleichzeitig atmungsaktiv – auch über Jahrzehnte.

Großvater Haselnus mit Mitarbeitern im Geschäftslokal Anfang der 1970er-Jahre.

Der Begriff „Tracht" lässt sich vom althochdeutschen Wort „draht" ableiten und bedeutet „am Körper Getragenes". Trachten mussten funktional sein und waren auf einen bestimmten Zweck ausgerichtet. So unterscheidet man beispielsweise die Arbeits- und Alltagstracht von der Festtagstracht. Zudem ist die Tracht auch Ausdruck regionaler Zugehörigkeit.

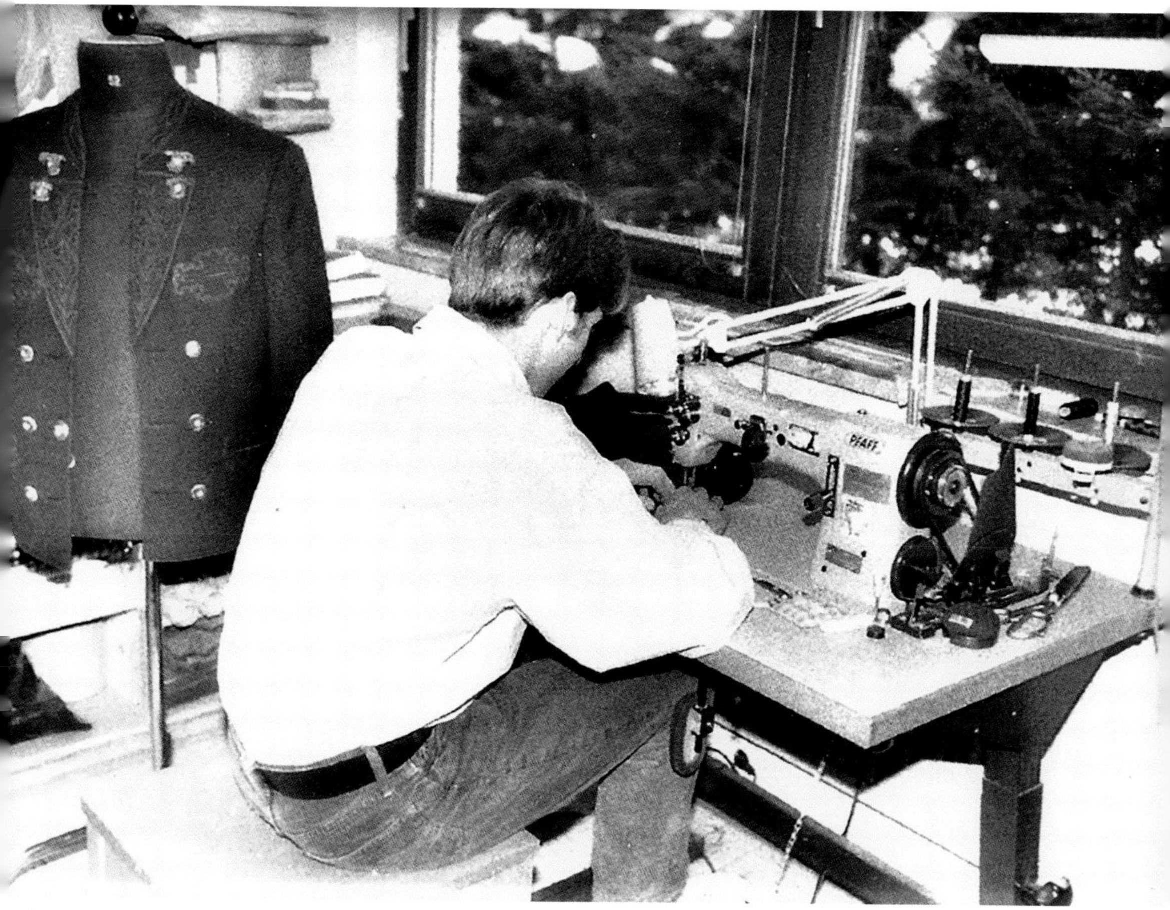

Der renommierte Handwerksbetrieb wird seit 2012 von René Haselnus in dritter Generation im Sinne der Familientradition weitergeführt.

Georg Haselnus wurde als erster und bislang einziger Maßschneider mit dem steirischen Handwerkspreis durch die steirische Landesregierung ausgezeichnet und erhielt im Jahr 2000 die goldene Erzherzog-Johann-Medaille der Wirtschaftskammer und 2009 die Rosegger-Medaille der Landesinnung.

Tracht ist immer im Trend – nicht nur im Ausseerland. Dressman im maßgeschneiderten Trachtenanzug aus dem Hause Haselnus bei einer Modenschau Anfang der 1980er-Jahre.

10

Strasser (1926)

Der 1897 geborene Anton Strasser, ursprünglich gelernter Forstarbeiter, hatte sich im Ersten Weltkrieg eine Kriegsverletzung zugezogen und musste auf einen körperlich leichteren Beruf umsatteln. Im Jahr 1919 begann der 22-Jährige eine Lehre als Harmonikabauer beim damals renommierten Grazer Handwerksbetrieb von Robert Zechner, der als einer der ersten Erzeuger von Steirischen Harmonikas gilt, und absolvierte dort seine Lehr- und Gesellenzeit. 1926 machte er sich mit einer eigenen Werkstätte in einer aufgelassenen Garage in der Grazer Wassergasse als Harmonikabauer selbstständig. Aufgrund des florierenden Geschäfts und der großen Anzahl an Aufträgen musste sich Strasser bereits in den 1930er-Jahren neue Räumlichkeiten suchen. Man übersiedelte in die Stockergasse 5 und modernisierte die Betriebsanlagen wesentlich, indem man auf elektrobetriebene Erzeugung umstieg. Bis zum Beginn des Zweiten Weltkrieges wurden unterschiedlichste Arten von Akkordeons produziert: Wiener und Schrammelharmonikas, Pianotasten-Akkordeons und insbesondere die „Steirische". Anton Strasser optimierte die Bauweise der Harmonikas stetig und verbesserte sie technisch so weit, dass die Instrumente aus dem Hause Strasser über die Grenzen Österreichs hinaus einen erstklassigen Ruf erlangten. Bereits damals exportierte man die Harmonikas unter anderem in die Niederlande und die USA.

Während des Zweiten Weltkrieges war die Produktion auf einem Tiefpunkt, da einerseits die Produktionsstätte durch Bombardierungen beschädigt wurde und andererseits notwendige Metalle für die Stimmen durch die Kriegsindustrie nur sehr eingeschränkt erhältlich waren. Ab 1949 produzierte Strasser jedoch bereits wieder mit zwei Mitarbeitern rund 150 Instrumente jährlich bzw. wurden aus alten Bestandteilen neue Harmonikas hergestellt.

Als Anton Strasser im Jahr 1956 unerwartet starb, führte seine Ehefrau Cäcilia die Werkstätte vorerst als Witwenbetrieb und ab den frühen 1960er-Jahren mit ihrem Sohn Ernst weiter, der ebenfalls die Meisterprüfung als Harmonikabauer absolviert hatte. In den kommenden Jahrzehnten wuchs das Familienunternehmen beständig. Die jährlichen Produktions- und Exportzahlen wurden gesteigert, die Betriebsfläche wurde vergrößert und auch die Mitarbeiterzahl erweitert. Als mit Ernst II. die dritte Strasser-Generation Mitte der 1990er-Jahre die Geschäftsleitung übernahm, produzierte man auf einer Betriebsfläche von mittlerweile 700 Quadratmetern rund 700 Harmonikas pro Jahr.

Ständige Verbesserungen wie etwa die Entwicklung einer modernisierten SKL-Diskantmechanik Ende der 1990er-Jahre oder die Markteinführung des Harmonikamodells „Creativ" positionieren die Instrumente aus dem Hause Strasser als österreichisches Spitzenprodukt in diesem Segment und machen das steirische Traditionsunternehmen zu einem Marktführer in diesem Bereich. Heute verlassen rund 1.400 Instrumente jährlich die Harmonikawelt von Strasser in Graz/Seiersberg.

Im Jahr 1926 machte sich Anton Strasser mit einer eigenen Werkstätte in einer aufgelassenen Garage in der Grazer Wassergasse als Harmonikabauer selbstständig. Bald mussten aufgrund der guten Auftragslage neue Räumlichkeiten gefunden werden und man übersiedelte in die Stockergasse 5.

Musikwissenschaftlich besehen ist die Steirische Harmonika ein diatonisches, wechseltöniges Handzuginstrument mit einer Knopftastatur. Die Bezeichnung „steirisch" hat nur sehr wenig mit dem Land Steiermark zu tun, denn ursprünglich wurde die Bauart des Instruments in Wien erfunden. Mehr als Synonym für ländliche Musik wurde der Harmonika das Attribut „steirische" als Beiname verliehen.

Im Jahr 1956 verstarb der Gründer Anton Strasser plötzlich. Seine Ehefrau Cäcilia, die ebenfalls im Betrieb mitgearbeitet hatte, führte das Unternehmen interimsmäßig weiter.

Die Steirische Harmonika stellt vielfach die Basis für gelebtes volksmusikalisches Brauchtum im alpenländischen Raum dar. Umgangssprachliche, teils scherzhafte Bezeichnungen für die alpenländische Harmonika sind unter anderem: Knöpferlharmonika, Ziachorgel, Quetschn, Faltenradio oder Wanznpresse.

Ab den 1960er-Jahren stieg Sohn Ernst Strasser, die zweite Generation, in das Unternehmen ein. Auch er war gelernter Harmonikabauer.

Eine ausgeklügelte Technik und kreatives Design sowie eine über neun Jahrzehnte lang gepflegte Tradition stecken in jedem einzelnen der insgesamt mehr als 2.000 Teile einer „echten Steirischen".

Die Steirische Harmonika ist in der Volksmusik von Österreich, Bayern, Südtirol, Tschechien, Slowenien und anderen alpenländischen Regionen gebräuchlich. Viele prominente Volksmusikstars wie Andreas Gabalier, Marc Pircher, Die Seer u.v.m. bevorzugen eine echte Harmonika aus dem Hause Strasser.

11

Sorger (1907)

Der Firmengründer des traditionsreichen Fleischereibetriebes in Frauental an der Laßnitz, Georg Sorger, wurde 1877 als Sohn eines Bauern im weststeirischen Grenzland geboren. Er war vielseitig talentiert und ehrgeizig und fand in seiner Ehefrau Josefa, die aus der unmittelbaren Nachbarschaft stammte und als Köchin im renommierten Grazer Hotel „Schimmel-Gollner" arbeitete, eine nicht minder ambitionierte Partnerin. Das junge, engagierte Ehepaar Sorger pachtete schließlich im Jahr 1904 am heutigen Standort Frauental a. d. L. das ehemalige Restaurant der k. u. k. Messingfabrik in der heutigen Schulgasse und führte es bis 1906 als Gasthaus und ab 1907 auch als Fleischhauerei.

Sukzessive wurde der florierende Betrieb erweitert und zusätzlich eine Bewilligung für das Gast- und Schankgewerbe, eine öffentliche Brückenwaage sowie für die Betreibung eines Wein- und Mosthandels erworben. Im Jahr 1932 starb der Firmengründer Georg Sorger frühzeitig im Alter von nur 55 Jahren und noch im selben Jahr übernahm sein Sohn Ferdinand den Betrieb.

In den Jahren vor dem Zweiten Weltkrieg konnte die traditionsreiche Wiener Handelsfirma Meinl mit Filialen in Graz, Judenburg, Knittelfeld, Bad Aussee, Innsbruck und Wien als erster Großkunde gewonnen werden, wo bereits diverse Wurstsorten angeboten wurden, wie etwa die begehrten Sulmtaler Krainer, Schinkenwurst und Braunschweiger. Während der harten Kriegsjahre stellte man auf einen Notbetrieb um – Ferdinand Sorger wurde wegen „illegalen Schlachtens" vom NS-Regime für eineinhalb Jahre inhaftiert. Doch gleich nach dem Kriegsende begann man wieder mit der Auslieferung von Fleisch- und Wurstwaren in einem stetig wachsenden Vertriebsnetz, die Landwirtschaft wurde weiter ausgebaut, unter anderem durch den Bau eines Rinder- und Schweinestalls, und auch die Gastwirtschaft erweitert.

1952 trat mit Ferdinand II. Sorger die dritte Generation in das Familienunternehmen ein. Nach Lehr- und Wanderjahren in Deutschland kehrte er 1958 in den elterlichen Betrieb zurück, den er in den kommenden Jahrzehnten an der Seite seines Vaters ausbaute und modernisierte. Mit den Handelsfirmen ADEG und Konsum konnten weitere Großhandelspartner für die Fleisch- und Wurstwaren gewonnen werden, die die Marke Sorger über die Grenzen der Steiermark hinaus bekannt machten. Zusätzlich wurde in den 1960er-Jahren der Grundstein für Sorger als Spezialist für Rohwurst und Salami gelegt, die mittlerweile weltweit exportiert werden. So wurde unter anderem im Jahr 2005 mit dem Salami-Snack Salanettis eines der verkaufkräftigsten und erfolgreichsten Innovationsprodukte bei Sorger eingeführt.

Heute, 115 Jahre später, ist das Traditionsunternehmen unter der Ägide von Ferdinand III. Sorger in der vierten Generation einer der größten fleischverarbeitenden Familienbetriebe in der Steiermark und zeichnet sich durch eine harmonische Balance von Tradition und Innovation aus.

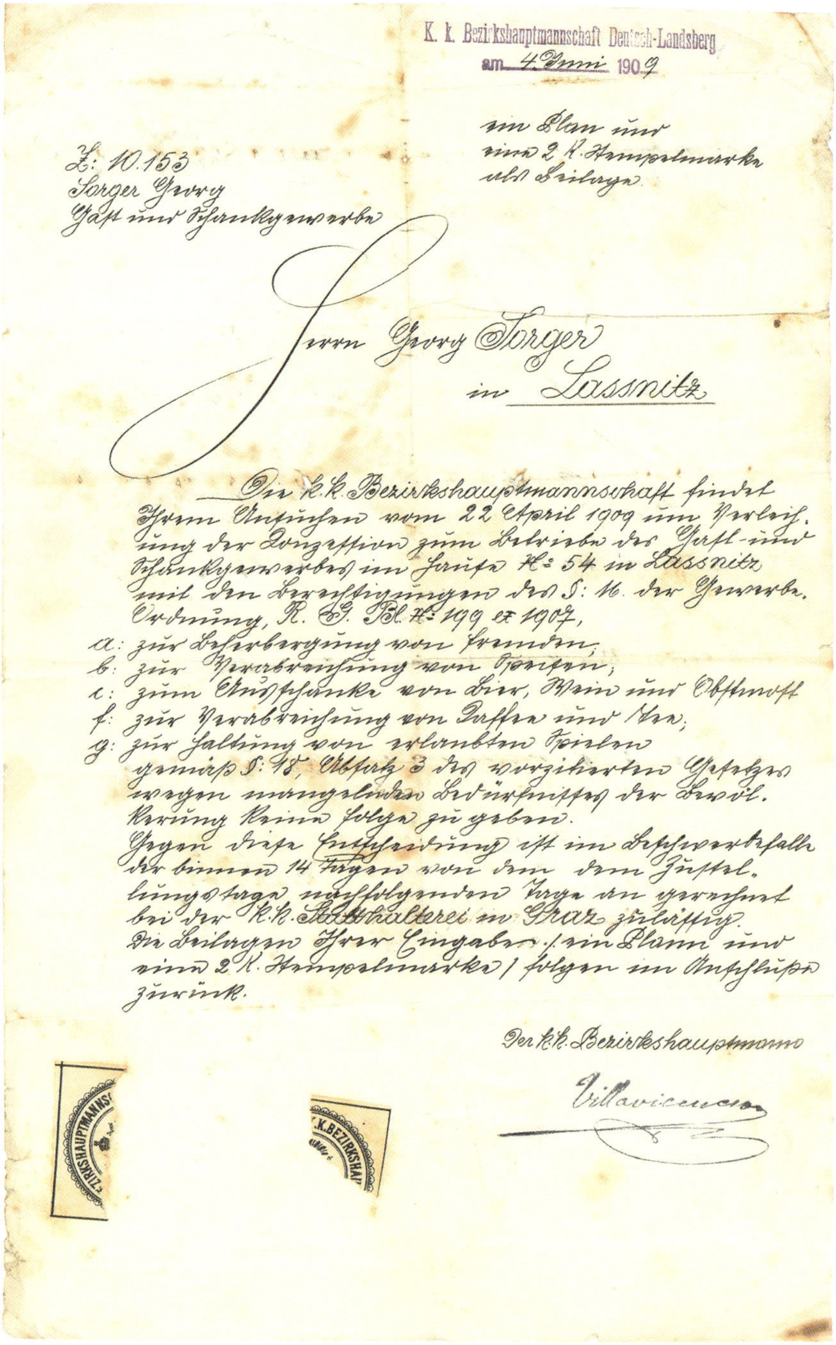

K. k. Bezirkshauptmannschaft Deutsch-Landsberg
am 4. Juni 1909

ein Plan und
eine 2 K. Stempelmarke
als Beilage

Z: 10.153
Sorger Georg
Gast und Schankgewerbe

Herrn Georg Sorger
in Lassnitz

Die k.k. Bezirkshauptmannschaft findet
Ihrem Ansuchen vom 22 April 1909 um Verleih-
ung der Konzession zum Betriebe des Gast- und
Schankgewerbes im Hause N: 54 in Lassnitz
mit den Berechtigungen des §: 16. der Gewerbe-
Ordnung, R. G. Bl. N: 199 ex 1907,
a: zur Beherbergung von Fremden;
b: zur Verabreichung von Speisen;
c: zum Ausschanke von Bier, Wein und Obstmost
f: zur Verabreichung von Kaffee und Tee;
g: zur Haltung von erlaubten Spielen
gemäß §: 18, Absatz 3 des vorzitierten Gesetzes
wegen mangelnden Bedürfnisses der Bevöl-
kerung keine Folge zu geben.
Gegen diese Entscheidung ist im Beschwerdefalle
der binnen 14 Tagen von dem dem Zustel-
lungstage nachfolgenden Tage an gerechnet
bei der k.k. Statthalterei in Graz zulässig.
Die Beilagen Ihrer Eingabe (ein Plan und
eine 2 K. Stempelmarke) folgen im Anschlusse
zurück.

Der k.k. Bezirkshauptmann
Villavicencio

1909 erfolgte durch die k. u. k. Bezirkshauptmannschaft Deutsch-Landsberg die Bewilligung zum Betrieb eines Gast- und Schankgewerbes sowie einer Fleischerei und Selchereianlage an der neu gepachteten Adresse in Frauental an der Laßnitz. Ewas später erhielt man zusätzlich die Bewilligung zum Betreiben eines Most- und Weinhandels.

Der Gründer des Traditionsbetriebes Georg Sorger. Erst im Alter von 35 Jahren legte er 1912 seine Fleischermeisterprüfung mit Erfolg ab.

Zeichnung von „Georg Sorger's Gasthaus", eine ehemalige Drahtzieherei mit Werkskapelle, um 1910.

Anfangs befanden sich vor dem vorerst gepachteten Gasthaus notdürftig nur ein Tisch, zwei Sessel und ein Fass Wein. Obwohl die Konzession noch nicht bewilligt war, wurde bereits ein interner Fleischbetrieb samt eigener Selchereianlage im Haus Nr. 54 in Laßnitz geführt.

Der Einkehrgasthof der Familie Sorger in Frauental an der Laßnitz florierte trotz der wirtschaftlich schwierigen Jahre bald. Nach dem Ersten Weltkrieg konnten umliegende Äcker und Wiesen erworben werden und 1924 schließlich erfolgte die Bewilligung einer öffentlichen Brückenwaage.

Die Familie des Firmengründers Georg Sorger im Jahr 1916. Von links nach rechts: Ferdinand Sorger, Georg Sorger jun., Georg Sorger sen., Josefa Sorger jun., Josefa Sorger sen., das Baby Maria Sorger und Franz Sorger.

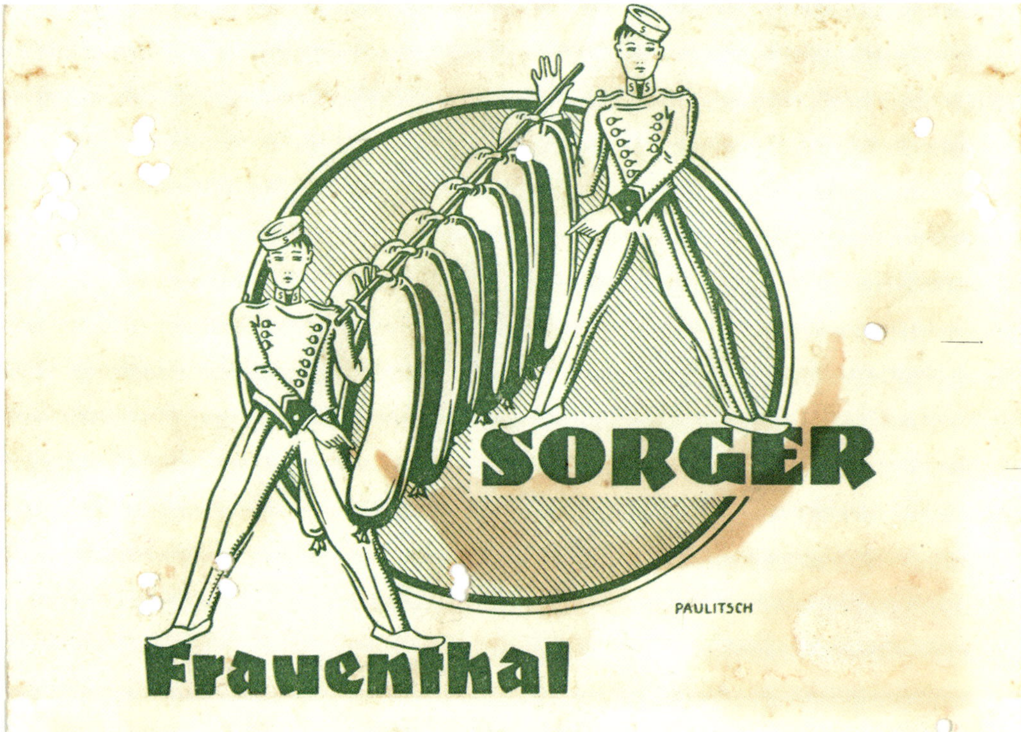

Man erweiterte den Kundenstamm sukzessive: Bestellkarten der Firma Georg Sorger für Fleisch, Selchfleisch und Wurstwaren in den 1930er-Jahren.

Ferdinand Sorger führte das Unternehmen durch die schweren Jahre des Zweiten Weltkrieges. Im Kriegsnotbetrieb waren nur ein Mitarbeiter und eine Köchin beschäftigt. Gleich nach dem Krieg begann Sorger wieder mit der Verarbeitung und Auslieferung von Fleisch- und Wurstwaren.

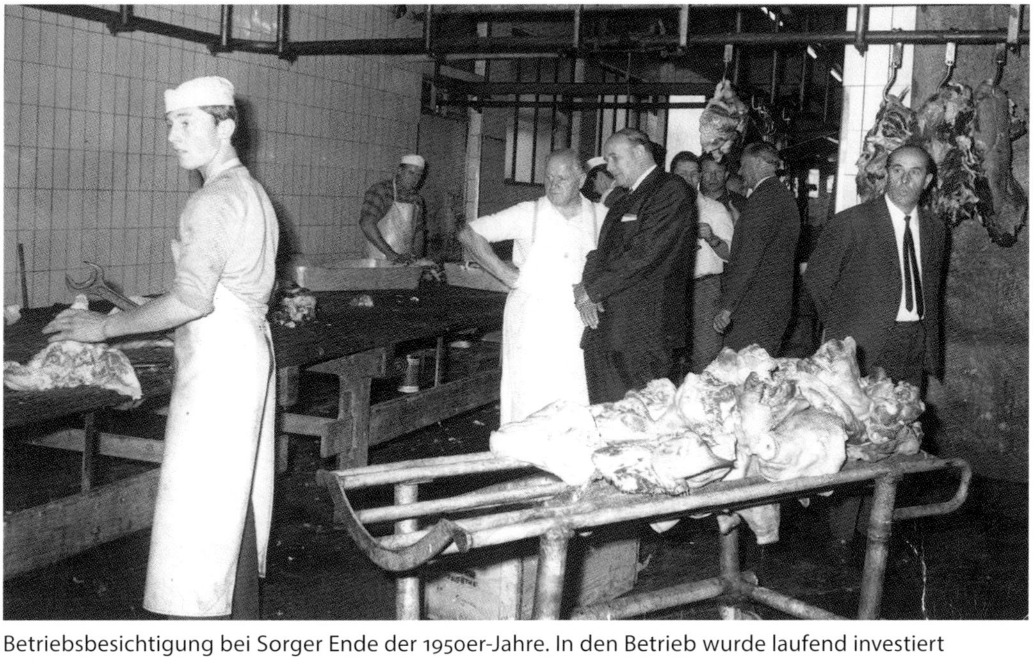

Betriebsbesichtigung bei Sorger Ende der 1950er-Jahre. In den Betrieb wurde laufend investiert und die Landwirtschaft weiter ausgebaut. So wurde etwa ein neuer Rinder- und Schweinestall errichtet und der Gastgarten vergrößert.

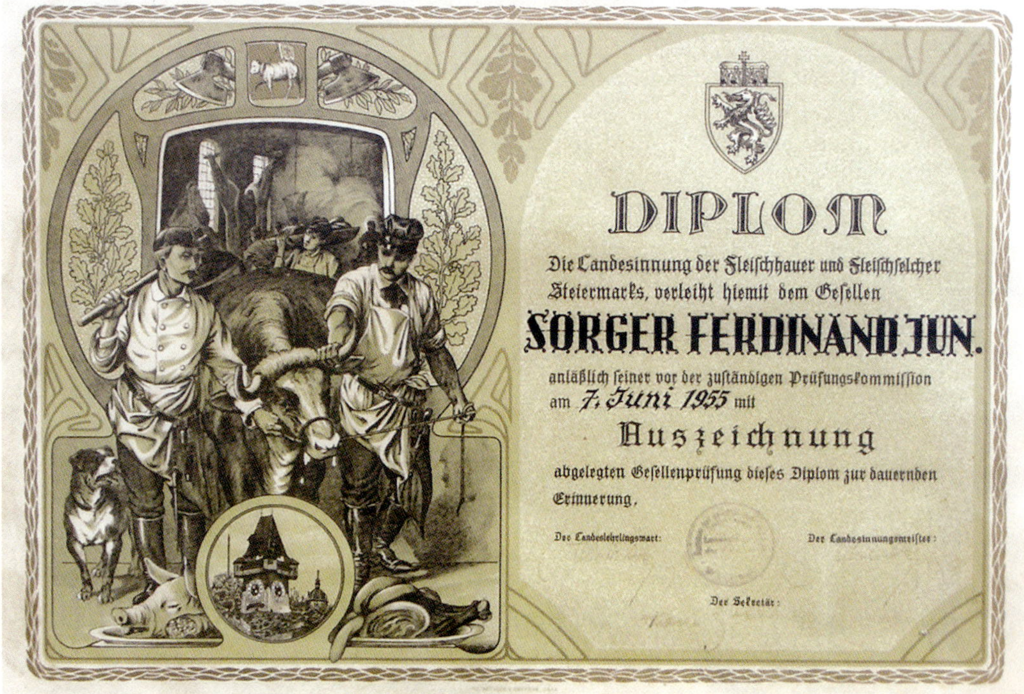
DIPLOM

Die Landesinnung der Fleischhauer und Fleischselcher Steiermarks, verleiht hiemit dem Gesellen

SORGER FERDINAND JUN.

anläßlich seiner vor der zuständigen Prüfungskommission am 7. Juni 1955 mit

Auszeichnung

abgelegten Gesellenprüfung dieses Diplom zur dauernden Erinnerung.

Der Landeslehrlingswart:

Der Landesinnungsmeister:

Der Sekretär:

Ab 1952 absolvierte der 1938 geborene Sohn Ferdinand II. Sorger im väterlichen Betrieb seine Fleischhauer- und Selcherlehre und schloss diese 1955 mit ausgezeichnetem Erfolg ab. Danach ging er für einige Jahre nach Bayern auf die Walz, um das Handwerk zu perfektionieren. 1975 übernahm er den elterlichen Betrieb.

Neben dem Fleischerei-Geschäft in Frauental konnte in diesen Jahren auch die Firma ADEG als Großhandelspartner gewonnen werden. ADEG-Niederlassungen in Bruck, Leoben, Judenburg, Murau, Liezen und Spittal a. d. Drau vertrieben von nun an Qualitätsprodukte von Sorger.

Ab Mitte der 1960er-Jahre begann mit der dritten Generation eine neue Ära der Modernisierung und der Erweiterung des Unternehmens sowie des Produktsortiments. Neue Wurstspezialitäten wie Rohwurst (Kantwurst und Salami) wurden hergestellt und machten den Namen Sorger über die Grenzen der Steiermark hinaus bekannt.

1963 heirateten Ferdinand und Gertrude Sorger und führten das Unternehmen gemeinsam erfolgreich. Die fünf Kinder Claudia, Caroline, Franziska, Gertrude und Ferdinand wurden geboren.

Im Jahr 1979 wurde im ehemaligen „Strohmeierhaus" am Oberen Hauptplatz in Deutschlandsberg eine Filiale von Sorger eröffnet.

Durch nachhaltige Innovationen und Investitionen in jeder Generation ist das Traditionsunternehmen Sorger mittlerweile auf 120 Beschäftigte angewachsen, das auf einer Produktionsfläche von rund 20.000 Quadratmetern eine Wochenleistung von rund 120.000 Kilogramm bewältigt. Der Exportanteil beträgt heute zirka elf Prozent. Die Qualitätsprodukte aus dem steirischen Traditions- und Familienunternehmen Sorger werden in ganz Europa ausgeliefert.

12

Weitzer (1831)

Die Geschichte des 1831 gegründeten Unternehmens Weitzer Parkett aus dem oststeirischen Weiz stellt eine der schönsten Erfolgsgeschichten eines traditionsreichen Familienbetriebes im klassischen Sinn dar. Nach fast 200 Jahren und in siebter Generation ist das Traditionsunternehmen Marktführer für Parkettböden und Holzstiegen in Österreich und zählt zu den führenden Parkettherstellern in Europa. Rund 750 Mitarbeiter sind an den Firmensitzen in Weiz sowie seit 2003 auch in Kaindorf, Güssing und Turopolje, in Kroatien, beschäftigt. Bei der Produktion von Weitzer Parkett wird ausschließlich Holz aus nachhaltiger, europäischer Forstwirtschaft verwendet und man verzichtet seit 2009 zur Gänze auf die Verwendung von Tropenholz. Mit einer Exportquote von über 50 Prozent ist Weitzer Parkett über Exklusivvertriebspartner mittlerweile in mehr als 60 Ländern vertreten.

Die Anfänge des Familien- und Traditionsunternehmens gehen auf das Jahr 1831 zurück, als sich die Vorfahren der Familie Weitzer mit einem Furniersägewerk, an das eine kleine Drechslerei angeschlossen war, selbstständig machten. Rund hundert Jahre lang wurde der Betrieb als mittelständisches, regionales Unternehmen geführt. Der Betrieb wuchs zwar in kleinen Schritten, aber gesund und stetig. Waren in den Gründungsjahren sieben Mitarbeiter beschäftigt, so zählte man Anfang der 1950er-Jahre bereits knapp 40 Mitarbeiter.

Kurz nach dem Zweiten Weltkrieg, als das Brüderpaar Franz und Willibald Weitzer den Betrieb in fünfter Generation von ihrem Vater übernahm, erfolgte die erste große Welle des Auf- und Ausbaus des Unternehmens. Mit Weitblick, innovativen Ideen und klugen Expansionskonzepten wurde die Produktion in den kommenden Jahren sukzessive erweitert. So stellte man zum Beispiel den Betrieb durch die Anschaffung moderner Maschinen auf eine Holzspulenproduktion um, die alsbald zu einem Verkaufsschlager und weltweit an die Textilindustrie exportiert wurde. Mitte der 1950er-Jahre waren nun bereits 50 Mitarbeiter beschäftigt. Ebenfalls in diesen Jahren erfolgte der Einstieg des Unternehmens in die Holzbodenproduktion. Vor allem diese Fokussierung auf die Herstellung von Parkettböden sollte zukunftsweisend für den Erfolgskurs des Unternehmens werden. Einen weiteren Meilenstein in der Unternehmensgeschichte stellte der Einstieg in die Stiegenproduktion im Jahr 1985 dar. Heute werden von der Weitzer-Gruppe etwa 3,3 Millionen Quadratmeter Parkett und rund 2.500 Stiegen pro Jahr produziert.

Im Jahr 2016 erfolgte die Übergabe der Leitung des Betriebes von der Doppelspitze der Geschwister Wilfried Weitzer und Angelika Wesonig-Weitzer an ihre Kinder, die nunmehr siebte Generation. Ein verantwortungsvoller Umgang mit der Ressource Natur und die Sicherung regionaler Arbeitsplätze sind auch heute noch, fast 200 Jahre nach der Gründung des Traditionsbetriebes, das Credo des Familienunternehmens aus Weiz.

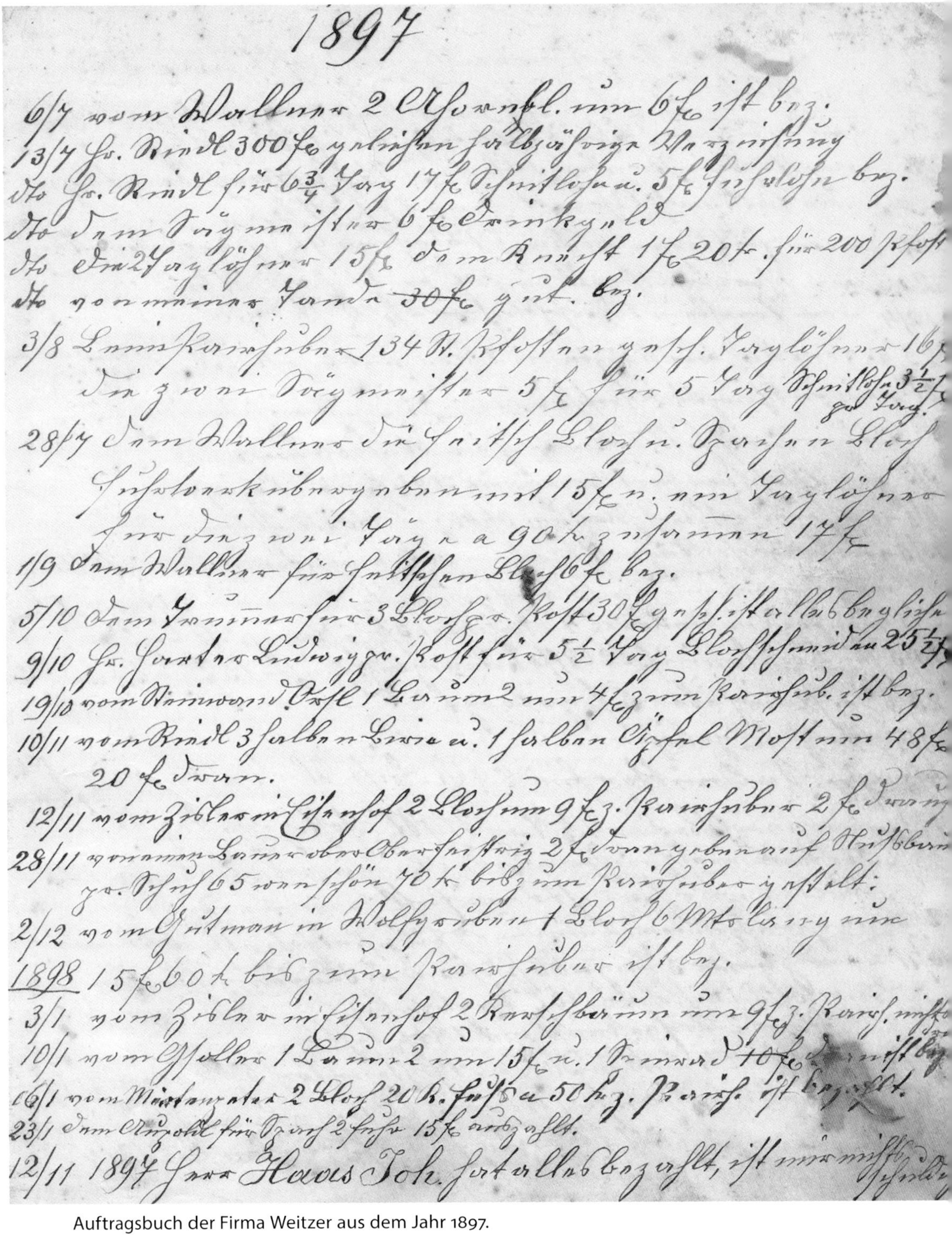

Auftragsbuch der Firma Weitzer aus dem Jahr 1897.

Das Sägewerk der Familie Weitzer im Jahr 1926. Von seiner Gründung im Jahr 1831 bis Mitte der 1950er-Jahre bildete das Sägewerk mit einer kleinen angeschlossenen Drechslerei das Kerngeschäft. Erst ab 1950 erfolgte die Expansion des Unternehmens.

Franz Weitzer senior, die dritte Generation, in den 1930er-Jahren.

Das Firmengelände in den 1950er-Jahren. Der Respekt zum Naturmaterial Holz und bestes fachliches Know-how, wie etwa das Wissen um die präzise Trocknung von Holz, machen das Traditionsunternehmen aus.

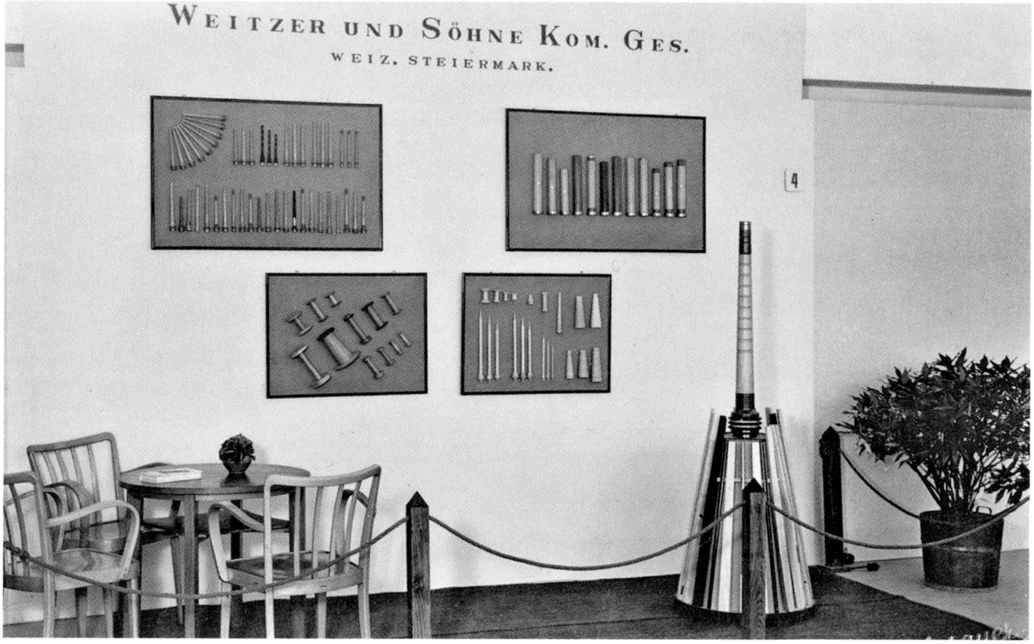

Der kleine Betrieb in Weiz wurde durch den Ausbau und die Anschaffung moderner Maschinen Anfang der 1950er-Jahre auf eine Holzspulenproduktion umgestellt, die an die Textilindustrie bis nach Indien exportiert wurde.

Luftaufnahme des Betriebsgeländes von Weitzer Parkett mit dem großen Holzfreilager aus dem Jahr 1959.

Zehn Jahre nach dem Zweiten Weltkrieg stand die kontinuierliche Expansion des Unternehmens im Fokus. Meilensteine sind ab 1955 der Einstieg in die Holzbodenproduktion und ab 1985 die Erzeugung von Holzstiegen. Heute ist die Weitzer-Gruppe in diesen Segmenten Marktführer in Österreich.

Für die Erzeugnisse aus dem Hause Weitzer wird ausschließlich Holz aus nachhaltiger Forstwirtschaft verwendet, die sich im regionalen Umkreis der Produktionsstandorte befinden. Zudem verzichtet man seit 2009 als eines der ersten Unternehmen darauf, Tropenholz in der Parketterzeugung zu verwenden.

Weitzer Parkett etablierte sich nicht nur im privaten Kundenbereich als Marke von höchster Qualität, sondern kann auf zahlreiche Referenzkunden im öffentlichen Bereich des In- und Auslandes verweisen, wie etwa die Österreichische Nationalbank, die Kunsthalle Hamburg oder sogar den Eiffelturm in Paris.

Weitzer-Lastwagen 1967.
Mit einer Exportquote von über 55 Prozent werden heute Deutschland, China, Schweiz, Italien, Frankreich, Mexiko, Belgien und Slowenien als wichtigste Exportmärkte beliefert. Der Vertrieb erfolgt über Vertriebspartner in über 60 Ländern.

Nach dem Zweiten Weltkrieg übernahmen die Brüder Franz und Willibald Weitzer in der vierten Generation den väterlichen Betrieb. Auch die Ehefrau Willibald Weitzers, Martha Weitzer, unterstützte in der Betriebsführung.

Im Jahr 1981 erfolgte die Auszeichnung des traditionsreichen, steirischen Familienunternehmens mit dem österreichischen Staatswappen. Eine staatliche Auszeichnung, die nur an Unternehmen verliehen wird, die sich mit außergewöhnlichen Leistungen um die österreichische Wirtschaft verdient gemacht haben.

Luftbild des Betriebsgeländes von Weitzer im Jahr 1972.

Das Betriebsgelände mit dem Holzfreilager Mitte der 1990er-Jahre. Heute erwirtschaftet die Weitzer-Gruppe mit rund 620 Mitarbeitern und an insgesamt sechs Standorten einen Jahresumsatz von über 80 Millionen Euro (Geschäftsjahr 2020).

Danksagung

Für das Zustandekommen des Buches über die „Steirischen Traditionsbetriebe“ geht primär ein großes Dankeschön an alle Traditionsunternehmen, die hier porträtiert sind. Sie haben mir als Autorin während meiner Recherchen großzügig und detailreich Einblicke in ihre spannenden und interessanten Firmengeschichten gewährt und ihre oft einzigartigen und teils unveröffentlichten Bildarchive zur Verfügung gestellt. Mögen sie alle noch lange bestehen und ihre oft jahrhundertealten Traditionen weiterschreiben können!

Gewidmet ist das Buch meinen beiden Kindern Louise Alma Flora und Leopold Kaspar Vitus.

Freya Martin

Bildnachweis

Einband vorne: Archiv J. Hornig; Vorsatz: ÖNB_Bildarchiv Austria_h_00350435; S. IV: Privatarchiv; S. 2: Archiv Familie Pirker; S. 5 Archiv J. Hornig; S. 8–20: Archiv Kastner & Öhler; S. 21–30: Archiv Familie Pirker; S. 31–42: Archiv Steiner 1888; S. 43–50: Archiv Edegger-Tax; S. 51–62: Archiv J. Hornig; S. 63–70: Archiv Berghofer-Mühle; S. 64 oben: Landesarchiv Steiermark, Sammlung Bude K2-H3-3590; S. 71–76: Archiv Weikhard; S. 77–84: Archiv Familie Leithner; S. 80: ÖNB_Bildarchiv Austria_h_00343963; S. 85–92: Archiv Familie Haselnus; S. 93–98: Archiv Strasser; S. 99–110: Archiv Sorger; S. 111–119: Archiv Weitzer Gruppe; Nachsatz: Archiv Familie Pirker; Einband hinten: Archiv Steiner1888.